초보자의
바둑백과사전

신라출판사

차례

제1장 초보자의 기초상식

1. 바둑판(盤面;반면)의 호칭

흑백의 돌이 놓이는 반면의 위치를 편의상 1도처럼 「귀」, 「변」, 「중앙」의 세 부분으로 나눈다.

귀 : 우상귀, 우하귀, 좌상귀, 좌하귀의 4부분으로 분류.

변 : 상변, 하변, 우변, 좌변의 4부분으로 분류.

중앙 : 「귀」와 「변」을 제외한 부분. 「어복(魚腹)」이라고도 함. 그러나 어디서 어디까지가 「귀」이고 어디까지가 「변」 또는 「중앙」이라는 분명한 한계선은 없다. 편의상 대략적인 위치를 표시하는 명칭이다.

1도

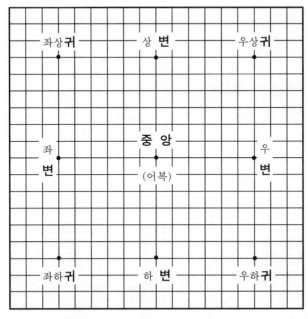

2. 「화점」의 명칭

화점 : 「반면」에 9개의 점이 찍혀 있는데 이를 「화점(花點)」
이라 한다.

제1화점~제9화점 : 화점도 2도처럼 각각 명칭이 있다.

천원(天元)·태극(太極) : 중앙의 제9화점을 특별히 「천원」
또는 「태극」이라 부른다.

우리는 흔히 제1화점을 「우상귀 화점」, 제5화점은 「우변 화
점」이라 부르고 있다.

화점의 역할과 접바둑 : 「화점」은 다만 위치를 나타낼 뿐
특별한 의미가 없고, 「접바둑」의 경우 「치석(置石)」, 즉 흑돌
을 미리 놓는 지점이 된다.

2도

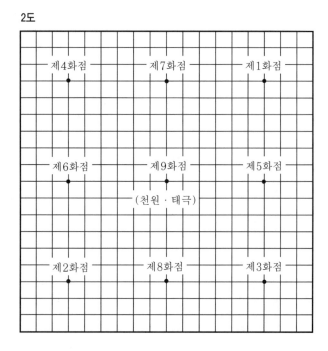

3. 부호에 의한 위치 표시법

착수 지점의 위치를 표시할 때 3도와 같은 표시법이 있다.

세로줄 : 「좌상귀」를 기준으로 하여 오른쪽으로 아라비아숫자로 표시.

가로줄 : 「좌상귀」를 기준으로 하여 아래로 한자숫자로 표시.

흑 1은 「17의 四」, 백 2는 「4의 十五」처럼, 아라비아숫자를 먼저 말한다.

3도

4. 부분도(部分圖)와 수순 (手順) 표시법

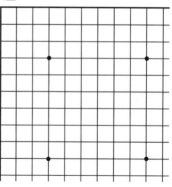

4도 : 바둑판의 어느 일부분에 국한해서 설명할 때는 바둑판 전체를 제시하지 않고, 그림처럼 일부분만 나타낸 부분도(部分圖)로 설명하는 일이 있다.

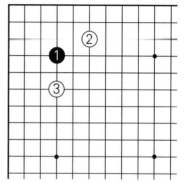

5도 : 숫자의 차례대로 바둑이 두어져 나갔음을 뜻하는데, 이를 수순(手順)」이라 한다.

다시 말해서 「수순」이란 바둑수가 진행된 순서라는 뜻이다.

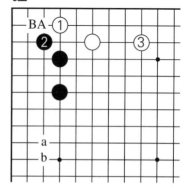

6도 : 숫자가 없는 흑돌과 백돌은 거기에 이미 두어져 있는 상태를 나타낸다. 또 a, b 또는 A, B 등의 기호를 써서 설명하는 일도 있다.

제 2 장 바둑의 기본 규칙

1. 사는 것과 죽는 것

1개의 돌에는 4개의 공배(活路)가 있다.

돌은 이 공배가 전부 막히면 죽는다. 따라서 돌이 산다는 것은 이 공배가 트여 있다는 것을 뜻한다.

1도 : a에서 d까지 가로, 세로의 선인데 이 4개의 공배를 전부 둘러 쌌을 때 이 흑돌은 죽는다.

다시 말해서 백이 흑을 잡으려면 흑의 4개의 공배를 막으면 되는 것이다.

2도 : 백에게 3군데의 공배가 막힌 상태, 이것을 「단수」라고 한다.

3도 : 백 1로 두어 이 흑을 잡을 수 있다.

4도 : 흑돌을 따낸 상태.

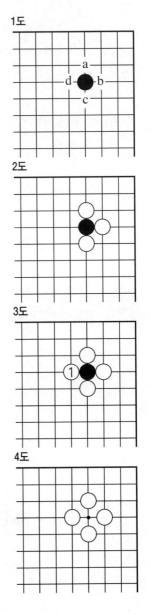

1도

2도

3도

4도

위치와 돌수에 따라 「단수」의 모양이 여러가지로 달라지지만, 공배를 모두 막으면 잡을 수 있다.

5도 : 변에서는 3군데의 공배. 따라서 백 1하여 흑을 잡을 수 있다.

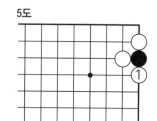

6도 : 귀에서는 2군데. 따라서 백 1로 잡게 된다.
단수된 돌이 도망칠 경우에는 막히지 아니한 공배에 두어야 한다.

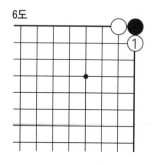

7도 : 흑 1로 도망칠 수가 있다.

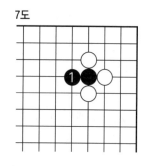

8도 : 2점으로 늘어선 돌은 a에서 f까지, 6군데의 공배가 있다.

9도 : 백 1로 잡을 수가 있다.

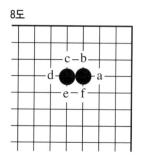

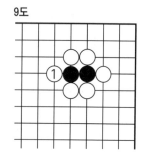

단수의 여러가지 모양을 살펴보자.
위치와 돌수에 따라 공배의 수가 달
라진다.

10도

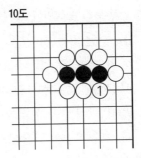

11도

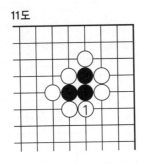

12도

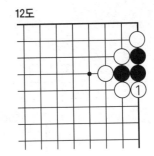

13도

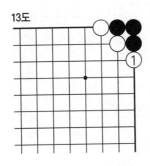

14도

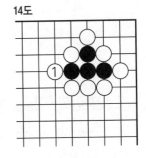

15도

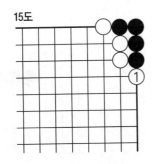

16도

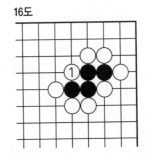

부분적으로만 살펴볼 때는 그림처럼 간단 명료하지만, 실전에서는 흑백의 돌이 뒤엉켜 있어 복잡한 모양이 되며, 그것이 「대마(大馬)」일 경우에는 상당한 실력의 소유자라도 잘못 보는 일이 있으므로 주의해야 한다.

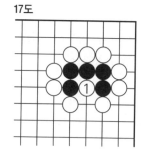

17도

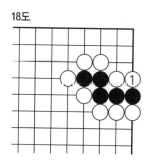

18도

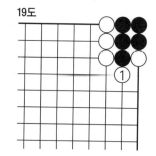

19도

2. 「끊음」과 「이음」(연속형과 절단형)

돌은 가로나 세로의 선으로만 이어진다. 빗금(斜線)의 위치에서는 이어지지 않는다.

20도 : 이 석 점의 흑돌은 완전히 이어진 돌.

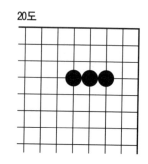

20도

21도 : 빗금의 위치로 나란히 늘어
선 이 석 점의 흑은 완전히 이어진
상태가 아니다. 상대방의 백돌이 접
근해 왔을 때 끊길 염려가 있다.

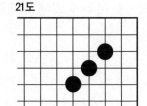

21도

22도 : 백이 흑을 끊은 상태. 물론
백쪽도 두 점씩 흑에게 끊기고 있다.

23도 : 흑백이 모두 가로세로의 선
으로 이어져 있는 「연속형(連續形)」
이다.

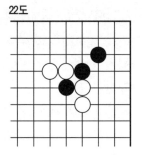

22도

연속된 돌은 강한 돌이고 절단된
돌은 약한 돌이다.

공배의 항목에서 설명한 것처럼 연
속된 돌은 공배가 많아지므로 여간해
서 단수로 몰리지 않는다.

24도 : 흑 한 점은 연속된 모양이
아니므로 백 1로 두어 흑 한 점만은
잡을 수 있다.

25도 : 흑 1로 두면 흑 넉 점이 연
속된 모양이므로 세력이 강해진다.

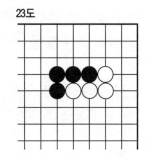

23도

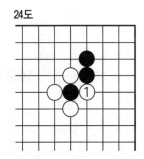

24도

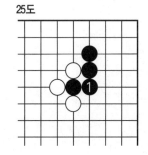

25도

3. 집수에 의해 승패를 정한다

바둑의 승패는 한 판이 끝난 후(이를 「종국」이라 함), 흑백 쌍방이 차지한 「집」의 많고 적음에 의해 결정한다.

즉, 상대방보다 많은 「집」을 차지한 쪽이 이기는 것이므로 바둑이란 상대방보다 많은 집을 차지하려고 다투는 게임이라고 정의를 내릴 수 있다.

그러면 집이란 무엇인가?

집 : 살아있는 돌로 에워싸서 상대방이 침입할 수 없는 판 위의 점을 「집」이라고 한다. 이 경우, 그 한 점을 한 집으로 계산한다.

문장으로 표현하니까 설명이 복잡해지지만 다시 알기 쉽게 설명하면 다음과 같다.

살아있는 돌 : 상대방에게 잡히지 않는 돌. 한 판이 끝나서 쌍방의 집을 계산할 때(이를 「계가(計家)」라고 함) 판 위에서 제거되는 「죽은 돌」을 가지고는 집을 만들 수 없는 것이다.

한 점을 한 집으로 계산한다 : 가로와 세로의 교차점 1개를 한 집으로 센다는 말이다.

26도 : 이렇게 둘러싼 모양에서는 흑집은 15집.

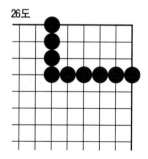

26도

27도 : 흑집 9집이다.

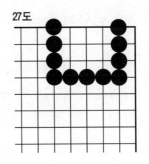

이처럼 자기의 돌로 둘러싼 집이 상대방보다 한 집이라도 많으면 이기는 것이다.

28도 : 여러가지 땅(집)의 모양

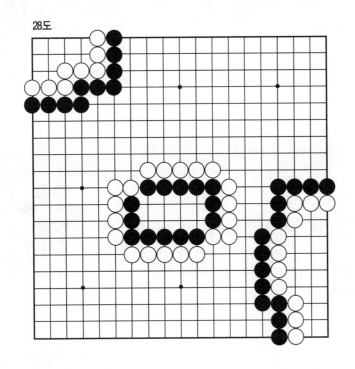

4. 금지수(禁止手)

바둑은 어디에 두건 자유이지만, 규칙상 두어서는 안 될 곳이 정해져 있다. 이를 「금지수」 또는 「착수금지수」라 한다.

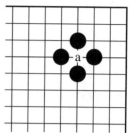
29도

첫째, 상대방의 돌 위에는 둘 수 없다. 이것은 상식적으로 생각해도 당연하다.

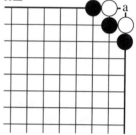
30도

둘째, 상대방의 돌로 둘러싸인 1개의 점

29도의 a의 곳에 백이 둘 수 없다.

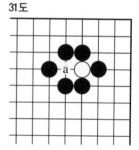
31도

셋째, 상대방의 돌로 둘러싸여 공배가 1개만 남아 있는 곳.

30도~32도까지의 a의 곳에 백은 둘 수 없다.

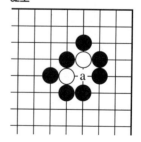
32도

5. 착수금지의 해제

모양은 「금지수」와 같아도 상대방의 돌을 잡을 수가 있을 때는 둘 수가 있다.

33도 : 이것은 29도에 가 가해진 형.

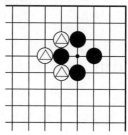

34도 : 이 경우는 백 1하여 ●의 돌을 따낼 수가 있다.

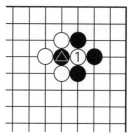

35도 : 상대방의 돌을 따냄으로써, △의 돌에는 a라는 공배가 생겨 살아있는 돌임을 주장할 수 있다.

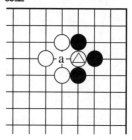

36도 : 이것은 32도의 모양에 △가 가해진 것.

37도 : 백 1하여 ●의 두 점을 잡을 수 있으므로 32도와는 달리 백 1의 착수가 허용된다.

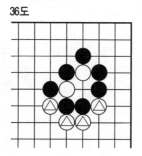

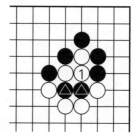

6. 「패」─동형(同型) 반복금지

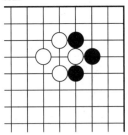

38도

앞 페이지에서 이미 의문을 품은 사람도 잇을 것이다.

38도와 같은 특수한 모양이 있다. 이런 모양을 「패」라고 한다.

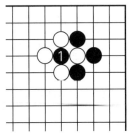

39도

39도 : 흑 1로 잡을 수가 있다.

40도 : 흑이 백 한 점을 따낸 후의 모양이다. 이번에는 백이 흑 한 점을 잡을 수 있는 모양이 되었다.

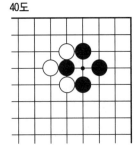

40도

41도 : 백 1로 잡는다. 그러면 38도의 모양으로 되돌아가 번갈아가며 서로 한 점을 잡다 보면 끝이 없다.

그래서 「동형(同型) 반복금지」라는 규칙을 정하여 39도의 흑 1로 잡았을 때, 백은 당장에 되따낼 수는 없도록 한 것이다.

다시 말해 39도의 흑 1에 대해 백이 그곳을 되따내고 싶어도 일단은 다른 곳을 두어야 한다는 것이다.

흑이 백의 착수에 응수해서 역시 다른 곳을 두면 그때 비로소 백은 41도처럼 백 1로 되따낼 수가 있다.

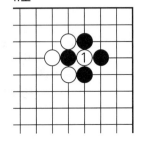

41도

「패」를 되따내기 위해 다른 곳에 두는 것을 「패쓺」 또는 「패를 쓴다」고 하며, 그렇게 「패」를 쓸 수 있는 곳을 「팻감」이라 한다.

상대방의 「패쓺」에 응수하지 않고 「패」의 곳을 두면(이으면) 「패」는 해소된다.

42도 : 흑 1로 이어서 「패」를 해소

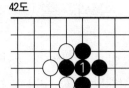
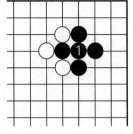

43도 : 백 1로 이어서 「패」를 해소

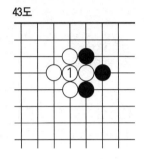

44도 : 이것은 패가 아니다. 그 이유는,

45도 : 흑 1로 두 점을 따낼 수 있기 때문이다.

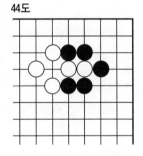

46도 : 백은 당장 1로 되따내면 된다. 이것은 「동형(同型) 반복」이 아니기 때문이다.

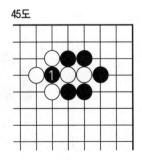
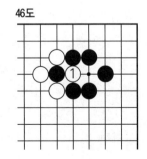

7. 돌의 「사활」

삶 : 살아있는 돌이란 상대방의 돌로 빈틈없이 둘러싸여도 상대방이 둘 수가 없는 「착수금지점」을 두 군데 이상 가지고 있는 돌. 『눈(眼)이 둘 이상 있는 돌』이라고 한다.

눈(眼): 한 지점의 주위 여덟 군데 중 일곱 군데 이상 자기의 돌로 에워싼 공간을 「눈」이라고 한다.

47도 : 넉 점으로 둘러싸인 a의 곳은 백이 둘 수 없는 「착수금지점」이므로 「눈」이라 생각되겠지만 그것은 완전한 「눈」이 아니다. b, c, d, e 중 세 군데를 흑이 두어야 비로소 완전한 「눈」이 된다.

48도 : 일곱 군데를 차지하여 완전한 「눈」. 그러나 「눈」이 하나 뿐이면 살지 못한다. 그 주위를 백이 둘러싸면 흑 일곱 점은 죽는다.

49도 : 흑이 여섯 군데만 에워쌌을 때 a의 곳은 완전한 「눈」이 아니다.

그림처럼 백이 에워싸면 다음에 백 a하여 흑 석 점을 잡을 수 있다. 이 a을 「옥집」이라 한다.

이상은 중앙에서 이뤄지는 「눈」을 설명한 것이다.

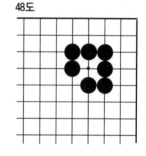

47도

48도

49도

50도 : 「귀」에서는 세 군데

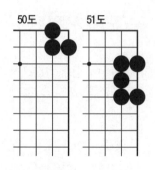

51도 : 「변」에서는 다섯 군데를 필요로 한다.

52도 : 귀에서의 「옥집」. 백 a하여 흑 한 점을 잡을 수 있다.

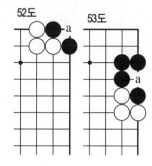

53도 : 변에서의 옥집. 백 a하여 흑 한 점을 잡을 수 있다.

「눈」이 1개 뿐이면 죽는다

완전한 「눈」이 1개 뿐이면 그 돌은 죽는다. 그 주위를 상대방이 빈틈없이 에워싸면 「단수」가 되기 때문이다.

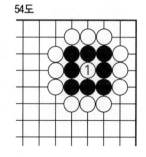

54도 : 눈이 1개 뿐인 흑은 「단수」이므로 백 1하면 흑 여덟 점은 죽는다.

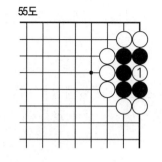

55도 : 역시 흑은 눈이 1개 뿐. 백 1하면 흑은 죽는다.

「눈」이 2개면 산다

「눈」이 2개 있으면 절대로 잡히지 않으므로 사는 것이다.

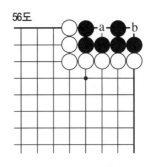

56도 : 「귀」에서 최소의 돌수로 사는 모양. a와 b의 2개의 눈이 있다.

a와 b는 백이 둘 수가 없는 「착수 금지점」이다.

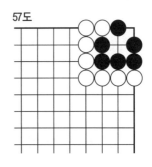

57도 : 역시 눈이 2개여서 살아있는 돌.

58도 : 중앙에서 두 눈으로 사는 모양.

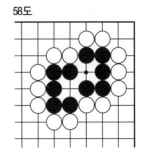

59도 : 눈이 1개씩 떨어진 위치에 있지만 이것도 연속된 돌이므로 두 눈을 가진 돌이어서 산 것이다.

「눈」과 「집」의 차이점

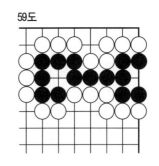

「두 눈」이라는 말과 「두 집」이라는 말을 혼동해서는 안 된다. 「눈」과 「집」은 정의(定義)가 다른 것이다.

60도 : 흑은 2개의 공간, 즉「두 집」을 차지하고 있지만, 이것은 눈이 2개라는 말은 아니다. 따라서 백은 언제라도 이 흑을 잡으러 갈 수 있다.

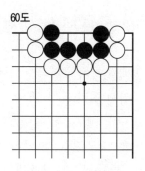

61도 :「착수금지점」이 아니므로 백 1로 둘 수 있다.

흑이 2로 두어 백을 따내면, 분명하게 눈이 1개 뿐이라는 것이 밝혀진다.

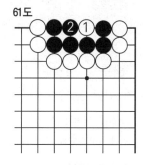

62도 : 흑이 단수인 상태이므로 백 1로 둘 수 있다. 그리하여 흑은 죽는다.

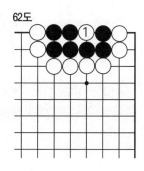

8. 특수한 삶「빅」

눈이 2개 이상 없으면 죽는다는 것을 알았다. 그러나 눈이 전혀 없거나, 또는 눈이 1개만으로도 사는 특수한 형이 있다. 이것을「빅」이라고 한다.

63도 : 가운데의 흑 다섯 점과 백 다섯 점은 서로가 끊고 있으며 눈이 없다.

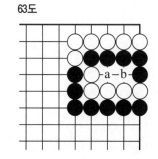

그러나 한복판의 빈공간인 a나 b의 곳을 흑백 쌍방이 두지 못한다. 물론 「착수금지점」은 아니지만, 예를들어 흑 a하면 백 b하여 흑 여섯 점은 죽는다. 반대로 백이 a의 곳을 두면 역시 흑 b하여 백 여섯 점이 잡힌다.

이처럼 두는 쪽이 오히려 손해를 보므로 이곳은 쌍방이 손을 대지 않고 방치할 수밖에 없다.

따라서 이 상태대로 쌍방이 산 것으로 간주하는데, 바둑이 끝나 집수를 계산할 때, 「집」으로는 계산하지 않는다.

64도 : 이것은 흑백 모두 「한 집」씩 있는 모양이지만 역시 「빅」이다.

a의 곳을 먼저 둔 쪽이 오히려 잡히기 때문이다. 「빅」에는 이밖에 여러가지 형태가 있고 「양패의 빅」이라는 특수한 형태도 있다.

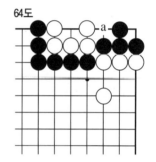

64도

※ 「양패의 빅」에 대해서는 신라바둑신서 『소설로 읽는 일본 바둑의 역사』에 흥미진진한 유래와 판결에 대해 자세히 언급되어 있다.

9. 종국(終局)과 승패의 결정

종국(終局) : 최후에 흑백 쌍방에게 더 이상 이익이 될 착점이 없을 때를 「종국」이라 한다.

이 때 대국자 쌍방이 더 둘 곳이 없다는 사실에 동의하므로써 비로소 종국이 된다.

그런데 종국에는 두 가지가 있다. 「불계승」과 「계가」이다.

불계승(不計勝)

승패가 확실하게 드러나 한쪽이 기권하는 경우이다. 이것을 이긴 쪽의 입장에서는 「불계승」, 진쪽의 입장에서는 「불계패(不計敗)」라 하는데, 불계패했음을 인정하는 행위를 「돌을 던지다」라고 표현한다.

계가(計家) 바둑

집수를 계산하여 어느 쪽이 몇 집 이겼는가를 확인하는 경우이다. 그 방법은

1. 대국자 쌍방이 「종국」을 인정한다.
2. 공배(쌍방의 집에 속하지 않은 빈 공간)를 적당히 메운다.
3. 끝손질 : 「공배」가 메워짐으로써 생기는 자기 집의 결함을 보충한다.
4. 집을 계산하기 쉽게 모양을 손질한다.
5. 집수를 계산해서 어느 쪽이 몇 집 이겼는가를 확인한다.

이상과 같은 순서로 진행되는데, 종국에서 쌍방의 의견이 일치되지 않을 경우가 있다.

대국자 A가 더 이상 둘 곳이 없으므로 「종국」을 주장해도 상

대방인 B가 응락하지 않을 때는 A가 착수를 기권해서 B에게 연속해서 두도록(연속 착수)를 허용한다.

B의 착수에 의해 A가 둘 곳이 다시 생기는지, 아니면 계속해서 B에게 「연속 착수」를 허용할 것이냐는 A의 임의대로이다.

「계가」하는 방법을 그림을 통해 살펴보자.

65도 : 이것은 13줄 판이다. 이해하기 쉽도록 우선 이것은 13줄 판으로 「종국」의 예를 들기로 한다.

더 이상 흑백 쌍방에게, 두어도 이익이 될 곳이 없으므로 「종국」이다. 그래서 「계가(計家)」로 들어가게 된다.

그림을 보면 위쪽이 흑집, 아래쪽이 백집이라는 것은 알 수 있지만, 어느 쪽이 몇 집 이겼느냐는 것은 다음 페이지 이하의 순서를 거쳐서 확인하게 된다. 그리고 흑백 쌍방이 상대방의 돌을 여덟 점씩 잡았음을 알 수 잇다.

공배 : a, b, c, d, e의 다섯 군데는 비록 빈 공간이지만 흑과 백의 경계선이 되고 있어 어느 쪽의 「집」도 될 수 없는 곳인데, 이런 곳을 「공배」라고 한다.

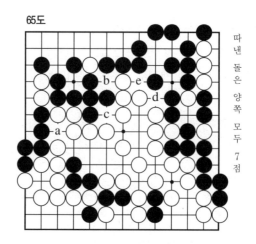

65도

따낸 돌은 양쪽 모두 7점

30

끝손질

66도 : 흑 1이 「끝손
질」이라는 수이다.

만약 이 수를 두지 않
으면,

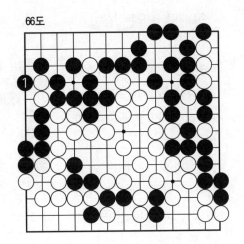

67도 : 백이 △의 「공
배」를 메운 후에 백 1을
두면 흑 2로 백 두 점을
잡으러 가도 이미 늦었
다.

다음은 백이 둘 차례이
므로 백 3하여 흑 여섯
점이 죽고 말 뿐만 아니
라, 그 위쪽 백 두 점이
되살아나고 만다.

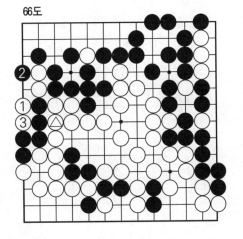

때문에 66도의 흑 1을
아무래도 두어야 할 필요
가 생긴다.

공배를 메우는 방법

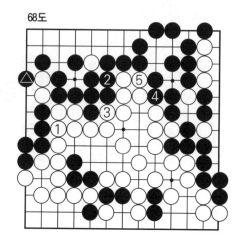

68도

68도 : 백 1에서 5까지의 다섯 군데는「공배」라는 점을 65도에서 이미 설명하였다.

이 다섯 군데는 어느 쪽이 먼저 두어도 이익도 손해도 되지 않는 곳임을 알 수 있다.

그래서「공배」의 곳은 어느 쪽이 어느 곳을 메위도, 예를 들어 백 1로 다른 곳인 2, 3, 4, 5의 어느 곳을 두어도 손해나 이익이 없으므로 어떤 순서로 두어도 상관없다.

또 보통은 번갈아가면서 한 수씩 두는 것이지만,「공배」만은 한 사람이 몇 수씩 두어도 무방하다.

죽은 돌(死石)을 제거한다

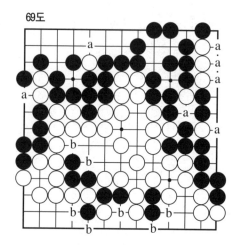

69도

「공배」를 다 메우고「끝손질」이 끝나면 다음은 자기의 집안에 죽어 있는 상대방의 돌을 제거한다.

69도 : 흑백이 모두 상대방의 죽은 돌 여덟 점씩을 따낼 수 있다.

이 경우 흑은 a의 곳을 둘 필요가 없고 백도 b의 곳을 둘 필요가 없다.

죽은 돌이란, 「눈」을 두 개 만들 여지가 없는 돌인데, 이 죽은 돌들을 제거하면 다음 그림처럼 된다.

70도 : 죽은 돌을 제거한 모습. 죽은 돌은 바둑

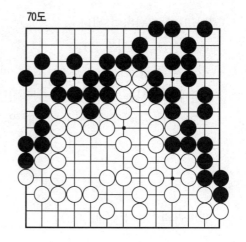

의 진행도중에 따낸 돌(흑백 모두 7개라 하자)과 함께 바둑통 뚜껑에 보관하게 된다. 그러나 이 상태로는 집이 몇 집인지 알기 어려우므로, 다음 71도와 같이 정리한다.

계가(計家)

먼저 따낸 돌로 상대방의 집을 메운다.

다음에 집의 모양을 가로, 세로의 곱셈으로 계산하기 쉽게 가급적 4각형으로 정리한다.

이때 백을 쥔 사람은 흑집을, 흑을 쥔 사람은 백집을 정리한다.

71도 : 완전히 정리가

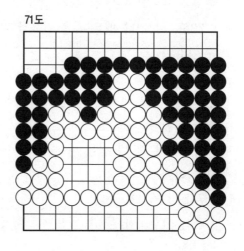

끝나면 이 그림처럼 된다.

흑집 29집. 백집도 29집.

집수가 똑같으므로 「덤」이 없는 바둑이라면 무승부가 된다 (「덤」에 대해서는 뒤에 설명하기로 한다).

그러나 어느 한쪽의 집이 많으면 많은 쪽이 그 차이만큼 이긴 것이 된다.

10. 귀의 「곡사궁(曲四宮)」

귀의 「곡사궁」이라는 형태가 있다.

이것은 『다른 부분과 관계없이 단독으로 죽음』이라고 규정되어 있다.

72도 : 이것이 귀의 「곡사궁」이다.

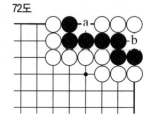

흑이 a나 b의 곳을 두어 백 석 점을 잡으러 갇가는 오히려 흑이 먼저 「단수」가 되어 죽고 만다. 따라서 흑은 이곳에서는 더 이상 둘 수가 없다.

73도 : 그러나 백은 흑을 잡으러 갈 수단이 있다.

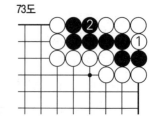

백 1로 흑을 단수한다. 백은 흑을 단수함과 동시에 백 넉 점도 단수된 상태가 된다.

흑 2하여 백 넉 점을 따낸다. 그 따낸 자리에—

74도 : 백 1로 둔다.

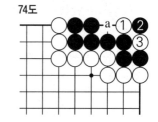

흑은 a의 곳을 둘 수 없으므로 흑 2

로 단수한다. 그러면 백 3으로 따내어 「패」가 된다.

이처럼 백이 잡으러 가면 「패」가 되지만 흑에게는 사는 수단이 없는 대신에, 백에게는 일방적으로 잡으러갈 수단이 있으므로 흑이 죽는 것이며 「빅」은 아니다.

「종국」이 되었을 때 72도의 상태대로 흑을 따내게 되는 것이다.

75도 : 이 모양도 귀의 「곡사궁」.

76도 : 백 1로 잇고 다시 백 a로 단수하여 흑 b로 따내면 73도의 모양이 된다.

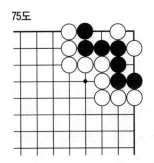

75도

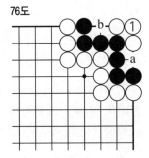

76도

제 3 장 바둑의 기본용어

바둑에는 특수한 용어가 많이 있다. 바둑책을 읽거나 지도자의 지도를 받을 때, 또는 TV의 해설을 들을 때에도 용어를 모르면 이해하지 못하게 된다.

기본적인 용어를 알아두기로 하자.

1. 일반적인 용어

- **대국**(對局) : 바둑을 두는 것. 바둑이라는 게임을 하는 것.
- **치수** : 쌍방의 실력의 표준을 정하는 것.
  A와 B는 두 점, B와 C는 다섯 점이라는 식으로 정한다.
- **맞바둑**(互先) : 쌍방의 실력이 거의 같은 수준일 경우
- **접바둑**(置棋) : 실력의 차이에 따라 핸디캡을 달고 두는 바둑인데 두 점 이상의 「치수」로 두는 바둑을 말한다.
  보통 치석(置石 ; 미리 놓고 두는 돌)은 9점까지이지만, 11점, 13점, 15점, 17점, 25점 등 여러가지가 있다.
- **덤** : 「맞바둑」에서는 흑을 쥔 쪽이 유리하므로 이를 공평히 하기 위해 흑은 정해진 집수 이상을 이겨야만 이긴 것으로 하도록 정한 것이 「덤」이다.
  일반적으로 통용되어 온 덤의 수치는 다섯 집 반이며 일부 기전에서는 여섯 집 반을 적용하기도 한다. 「반」이라는 것은 무승부를 막기 위한 이론상의 숫자이지 실제적인 집수는 아니다.
  다섯 집 반의 「덤」이라면 흑은 「대국」에서 여섯 집 이상을 이겨야 되며 다섯 집 이하로 이겨도 패배한 것이 된

다.

「맞바둑」에서 만약 「덤」이 없다면 흑과 백을 번갈아 쥐어 두 판씩 두어야 공평해지는데 한판 승부를 겨룰 때는 아무래도 「덤」이 필요하게 된다.

- **포석**(布石) : 한판의 바둑은 종국까지를 3단계로 나누어 초반(전), 중반(전), 종반(전)이라 부르는데 초반에서 서로가 진(陣)을 펼쳐 싸움에 들어가기 이전의 상태.

- **정석**(定石) : 어느 한 부분에서 쌍방이 최선을 다해 절충이 이뤄져서 생기는 가장 모범적인 형태. 따라서 정석대로만 두면 흑백 어느 쪽도 이기고 지는 일이 없으리라는 이론이 성립한다. 정석은 주로 초반전에, 그리고 귀에서 나타난다.

- **끝내기** : 「포석」과 「중반」의 전투가 끝나면 드디어 「종반」. 쌍방의 집이 대충 정해져서 이제는 집을 매듭짓는 단계가 된다.

  처음에는 큰 곳부터 「끝내기」가 시작되므로 「큰 끝내기」, 마지막 한 집, 두 집을 다투는 끝내기를 「작은 끝내기」라 한다.

- **사활문제** : 죽고 사는 수에 대한 문제이다. **묘수풀이문제** 라고도 한다.

  주로 「흑선(黑先 ; 흑이 먼저 두는 것)이면 결과는?」이라는 식으로 출제하고 해답하는 형식을 취하는데 「흑선 백사(白死 ; 백 죽음)」, 「흑선 삶」, 「흑선 패」 등의 해답이 나오게 된다. 주로 「사는 수」와 「잡는 수」에 대한 문제가 많고 「패쓰는 수」에 대한 문제와 「수상전(手相戰 ; 수싸움)」에 대한 문제까지 있다.

- **치석** : 「접바둑」에서는 실력이 낮은 하수자가 미리 정해

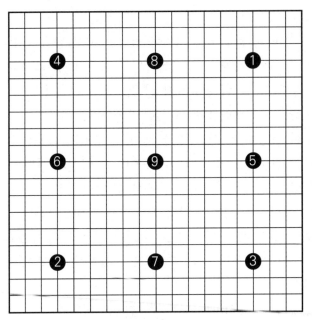

접바둑에서 「치석(置石)」을 놓는 위치

진 위치에 2점 이상의 돌을 놓고 두기 시작하는데, 이처럼 미리 놓는 돌을 「치석」이라 한다.

1도 9점 접바둑까지의 「치석」의 위치를 표시한 것이다.

2점 접바둑 : 흑 1에서 흑 2까지

3점 접바둑 : 흑 1이하 흑 3까지

4점 접바둑 : 흑 1이하 흑 4까지

5점 접바둑 : 흑 1이하 흑 4까지와 흑 9(천원)

6점 접바둑 : 흑 1이하 흑 6까지

7점 접바둑 : 흑 1이하 흑 6까지와 흑 9(천원)

8점 접바둑 : 흑 1이하 흑 8까지

9점 접바둑 : 흑 1이하 흑 9까지

• 11점 접바둑

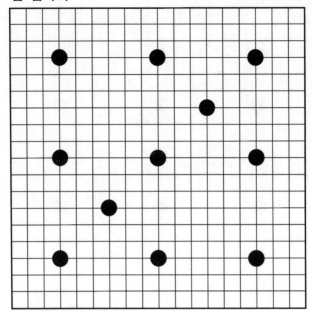

• 13점 접바둑

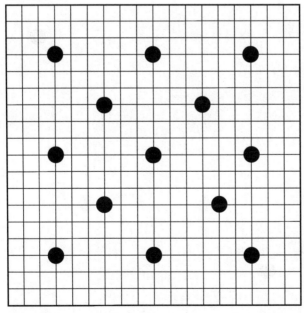

• 15점 접바둑(1)

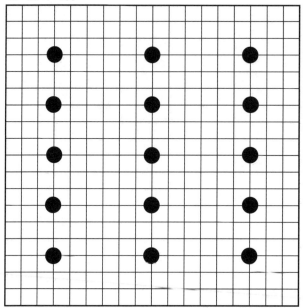

• 15점 접바둑(2)

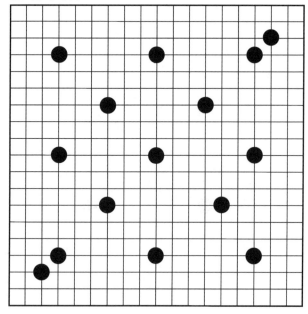

• 17점 접바둑

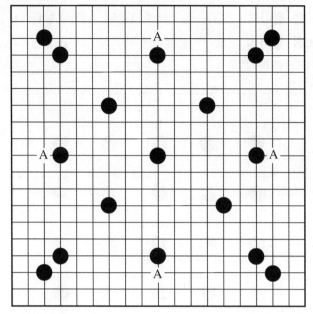

• 25점 접바둑

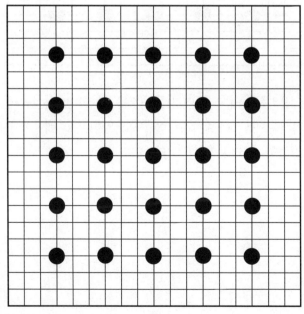

- **21점 접바둑** : 17점에 4변의 A를 더한다.
- **29점 접바둑** : 25점 접바둑에 4귀의 A를 더한다.
- **33점 접바둑** : 25점 접바둑에 4귀의 A 및 4변의 B, 합계 8점을 더한다.

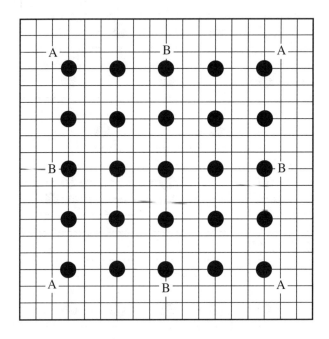

흔히 접바둑이라고 하면 9점까지를 말하지만, 실력의 차이에 따라서는 25점까지 깔고 둘 수도 있다. 또 배우기 시작할 때는 29점이나 33점까지도 가능하다.

2. 착수(着手)에 대한 용어

착수(着手)에 대해서는 독특한 용어가 많이 있지만, 우선 모양으로 봐서 크게 「연속된 형」, 「빗금(斜線)형」, 「떨어진 형」, 「접촉한 형」의 4종류로 나눌 수 있다.

(1) 모양으로 본 분류
가) 연속된 형

1도 : 이미 착수된 돌에 연속해서 두는 모양으로 「뻗는 수」 또는 「느는 수」라고 표현되겠지만은, 실제적으로는 단독으로 두게 되는 것이 아니므로 상대방의 돌과의 관계, 바둑판에서의 위치 등에 따라 다른 용어로 표현된다.

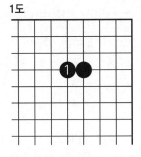

모양이 복잡해져 무어라 표현해야 올바른지 모호한 경우도 있지만, 우선 기본적인 모양만 살펴보기로 하자.

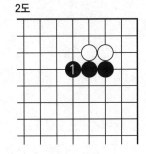

뻗는 수 · 느는 수(2도) : 흑 1로 뻗는(느는) 수, 중앙 쪽이 많지만, 반드시 중앙에서만 이루어지는 것은 아니다.

서는 수(3도) : 「뻗는 수」와 같은

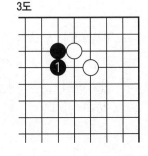

모양이지만 판의 중앙을 향해 똑바로 서는 느낌을 주는 수.

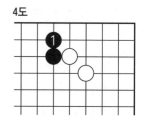

4도

내려서는 수(4도) : 판의 가장자리 (반단 ; 盤端)쪽으로 느는 모양을 말한다. 그림으로 보면 오히려 위쪽으로 올라서는 느낌이겠지만, 바둑판의 가장 중앙인 곳[이를 천원(天元) 또는 태극(太極)이라 부름]을 가장 높은 정상으로 보고 가장자리(반단)를 아래쪽으로 보기 때문에 내려선다고 하는 것이다.

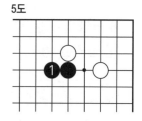

5도

끄는 수(5도) : 흑 1처럼 뒤쪽으로 끄는 느낌을 주는 수.

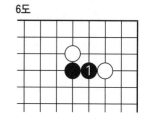

6도

치받는 수(6도) : 상대의 돌에 흑 1처럼 머리로 치받는(헤딩하는) 모양.

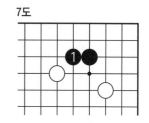

7도

늘어서는 수(7도) : 상대의 돌과 떨어져 있을 때의 모양을 말한다.

꼬부림(8도) : 그림은 접촉하고 있는 상대의 돌을 꼬부려서 막는 수인데, 접촉하지 않은 경우에도 꼬부리는 모양이 있다.

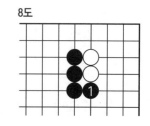

8도

미는 수(9도) : 한 걸음 뒤에서 미는 모양.

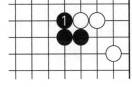

9도

막는 수(10도) : 꼬부린 모양이면서 상대방의 진출을 막고 있다.

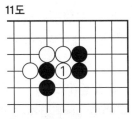

10도

뚫는 수·째는 수(11도) : 상대방의 돌과 돌 사이를 뚫고 나가는 수를 「뚫는 수」 또는 「째는 수」라고 한다.

나) 빗금형(斜線形)

11도

이미 착수된 돌에서 빗금 방향으로 두는 수이다.

마늘모·입구자(ㅁ)(12도) : 흑 1처럼 빗금 방향에 두는 수를 「마늘모」 또는 「입구자」라고 한다.

마늘모 진출(13도) : 「마늘모」로 진출하는 수. 물론 「입구자 진출」이라고도 한다.

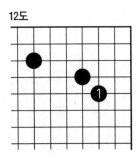

12도

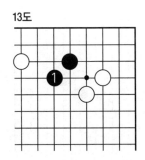

13도

마늘모 붙임수(14도) : 「마늘모」이
면서 상대방의 돌에 붙이는 형. 「입
구자 붙임수」

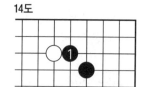

호구 붙임수(15도) : 「호구」의 모양
으로 붙이는 수.

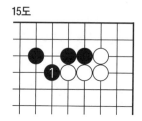

젖힘수(16도) : 「젖힘수」에는 여러
가지가 있다.

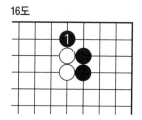

2단 젖힘(17도) : 두 번 연속해서
젖히는 형이다. 「3단 젖힘」도 있다.

되젖힘(18도) : 상대가 젖혀왔을 때
이쪽도 같이 젖혀 응수하는 것.

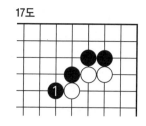

젖혀 끼움(19도) : 젖혀서 끼우는
모양.

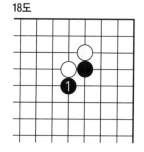

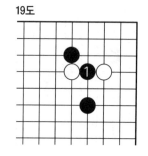

다) 떨어진 형

이미 착수된 돌에서 떨어진 위치에 두는 모양.

한 칸 뛰기(20도) : 한 줄을 건너 뛰는 모양. 판 위의 어느 위치에 뛰어도 같다.

두 칸 뛰기(21도) : 두 줄을 건너 뛰면 두 칸 뛰기.

뛰어 붙임(22도) : 흑 1처럼 뛰어서 상대의 돌에 붙이는 수.

날일(日)자(23도) : 한 줄 옆으로 비껴 뛰는 형. 한자의 날일(日)이라는 글자 형태와 같다고 해서 붙은 이름.

흑 1외에 a에서 g까지가 모두 「날일자」이다.

눈목(目)자(24도) : 「날일자」보다 한 줄 더 뛰면 한자의 「눈목(目)」이라는 글자 형태가 된다.

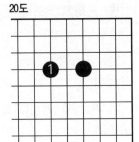

20도

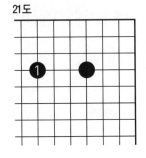

21도

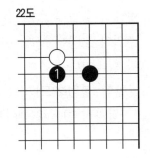

22도

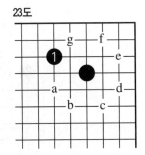

23도

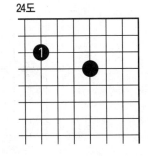

24도

큰 눈목자(25도) : 「눈목자」보다 한 줄 더 뛴 모양.

날일자 씌움(26도) : 「날일자의」의 위치에 씌우는 수.

대사(大斜) 씌움(27도) : 「눈목자」의 위치에 씌우는 수. 따라서 「눈목 자 씌움」이라고도 할 수 있겠는데 보통 「대사 씌움」이란 용어를 쓰고 있다.

라) 접촉한 형

상대의 돌에 직접 접촉하는 모양. 「뛰는 형」보다 격렬한 수이다.

붙임수(28도) : 이처럼 단독적인 모양에서는 그냥 「붙임수」라고 하지만, 주위의 모양에 따라 여러가지로 명칭이 달라진다.

안쪽 붙임(29도) : 상대의 돌 안쪽 (가장자리쪽)으로 붙이는 수.

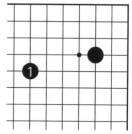

25도

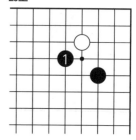

26도

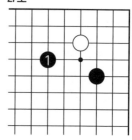

27도

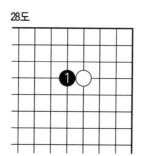

28도

29도

바깥 붙임(30도) : 바깥쪽(중앙쪽)으로 붙이는 수.

배(腹) 붙임(31도) : 두 점으로 늘어선 돌의 옆 부분은 마치 배(복부)와 같다고 해서 이런 이름이 생겼다.

양붙임(32도) : △와 백 1의 양쪽으로 붙이는 수.

건너 붙임(33도) : 특수한 용어. 상대의 「날일자」에 대해서 흑 1처럼 붙이는 수. 『날일자에는 건너 붙여라』는 격언이 있다.

붙여 뻗음(34도) : 「붙임」과 「뻗음」이 복합된 용어.

붙여 끊음(35도) : 「붙임」과 「끊음」이 복합된 용어.

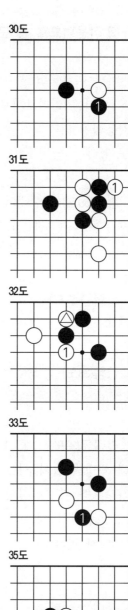

30도

31도

32도

33도

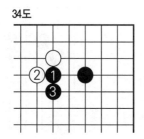

34도

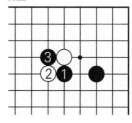

35도

(2) 작용력으로 본 분류

이번에는 돌의 작용력(영향력)으로
본 용어를 살펴보기로 하자. 모양과
작용력이 의미를 아울러 내포한 용어
도 있다.

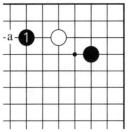

36도

협공(36도) : 상대의 돌을 협공하는
수. 흑 1은 「한 칸 협공」. 흑 a는
「두 칸 협공」.

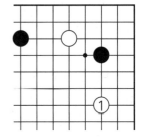

37도

되협공(37도) :「협공」해 온 상대방
에 대해 역으로 협공하는 수단.

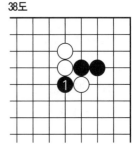

38도

끊음(38도) : 상대의 돌을 끊는 수
단.

맞끊음(39도) : 흑 1의「끊음」에 의
해 쌍방의 돌이 서로 끊기는 모양이
다. 흑백 각 두 점씩인 돌의 경우에
도 그림처럼 서로 끊겼을 때「맞끊
음」이라 한다.

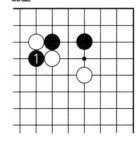

39도

50

모자 씌움(40도) : 상대방의 돌을 중앙쪽에서 압박하는 수단인데 「한 칸」의 위치에 둔다.

백 1의 「모자 씌움」(줄여서 그냥 「모자」라고도 함)은 적진이 크게 확대되는 것을 방지하는 경우이다.

또 중앙으로의 진출을 저지하여 상대방을 봉쇄하는 경우, 상대의 움직임을 보는 경우, 그밖에 여러가지 목적으로 사용되는, 응용범위가 넓은 수이다.

어깨 짚음(40도) : 백 1의 「한 칸」에 대해 백 a의 「입구자(마늘모)」로 흑을 압박하는 수단을 「어깨 짚음」또는 줄여서 「어깨」라고 한다.

들여다 봄(41도) : 상대방의 끊길 곳(「절단점」이라고 함)을 노려서 백 1처럼 두는 수. 만약 흑이, 백 1에 대해 응수하지 않으면(상대의 요구에 응수하지 않은 것을 「손을 뺀다」고 함) 당장 끊겠다는 수단.

이음(42도) : 끊기는 것을 방지해서 잇는 수.

40도

41도

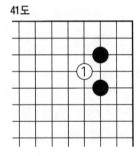

42도

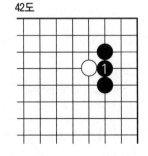

비록 상대방이 들여다 보지 않은 경우라도 이 용어는 쓰인다. 잇는 방법에도 여러가지 모양이 있다.

꽉 이음(43도) : 단단한 이음법.

호구 이음(44도) : 흑 1은 다른 흑 두 점과 함께 a의 곳에 「호구」를 형성하고 있다.

이 「호구」는 직접적인 이음법은 아니지만 백이 a의 곳을 끊을 수는 없다. 백 a하면 흑은 당장에 따낼 수 있기 때문이다.

날일자 이음(45도) : 특수한 이음법. 흑은 a의 「끊음」에 대한 대책이 서 있어야 한다.

벌림 : 모양으로 본다면 뛰는 형이지만 변에 있는 돌이 근거를 지니기 위해 발전하는 경우에 쓰이는 용어.

두 칸 벌림(46도) : 두 줄을 띄운 벌림. 견고한 벌림이다.

세 칸 벌림(47도) : 석 줄을 띄운 벌림. 벌림은 두 칸에서 보통 다섯 칸까지에만 쓰는 말이다.

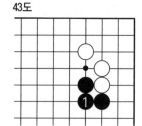

43도

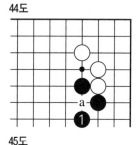

44도

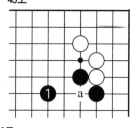

45도

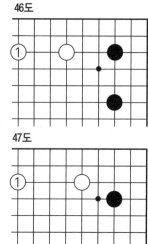

46도

47도

걸침 : 상대의 돌에 압박해 가는 수인데 주로 귀에서 쓰인다.

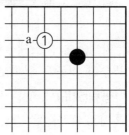

48도

날일자 걸침(48도) : 백 1은 「화점」의 흑에 대해 「날일자로 걸친다」라고 표현한다. 한 줄 넓게 백 a라면 「눈목자 걸침」.

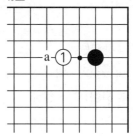

49도

한 칸 높은 걸침(49도) : 높은 걸침이다.

한 줄 넓게 백 a라면 「두 칸 높은 걸침」.

어느 것이나 정석 중의 한 방법이다.

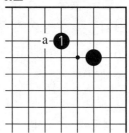

50도

굳힘 : 귀를 강화하기 위해 상대방에게 「걸침」을 당하기 전에 두 수를 소비해서 지키는 수.

「굳힘」에도 여러가지 수가 있다.

날일자 굳힘(50도) : 소목에서 「날일자」의 위치에 굳힌 형.

한 줄 넓게 흑 a하면 「눈목자 굳힘」.

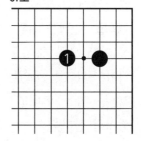

51도

한 칸 굳힘(51도) : 소목에서 한 칸의 위치에 굳힌 모양.

(3) 수단으로 본 분류

이번에는 수단에 대한 용어 중에서 특수한 것들을 살펴보기로 하자.

쌍립(52도) : 잇는 방법의 하나인데 흑 1로 두어 두 점으로 늘어선 모양을 말한다. 흑 a로 잇는 것보다 능률적이다.

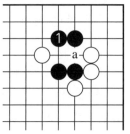

장문(53도) : 적의 돌을 잡는 방법의 하나. 백 1을 『장문을 건다』라고 표현하며 이렇게 되면 도망칠 수 없어 그대로 잡힌다.

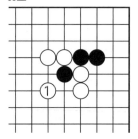

응수 불능 : 상대방의 돌을 응수가 불가능한 모양으로 유도하여 잡는 방법. 「사활 문제(묘수 풀이)」에 흔히 출제된다.

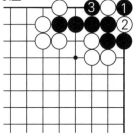

54도 : 흑 1에 백 2로 때리면 「패」의 모양이 되지만 흑 3으로 막으면, 백은 응수할 수단이 없다.

55도 : 백은 a의 곳이 「착수금지점」이 되므로 백 a로는 잇지 못한다. 백이 b와 c를 두었을 때 흑 a하여 백 두 점을 따내면 흑은 「두 눈」이 생겨서 산다.

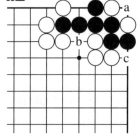

환격 : 이것도 상대의 돌을 잡는 방법의 하나.

56도 : 흑 1로 먹여쳐 백 2로 따내게 한다.

57도 : 흑 3으로 백 넉 점을 되따낼 수가 있다.

58도 : 백 1하여 흑 넉 점을 잡을 수가 있다.

축 : 바둑을 둘 줄 모르는 것을 『축도 모르고』라고 할 정도로 「축」이란 적의 돌을 잡는 방법의 기본적인 수단이다.

59도 : 백 1로 단수하는 수를 「축」이라고 한다. 이 수단에 의해 흑 한 점은 도망치지 못한다.

『축으로 몰다』는 식으로 표현한다.

60도 : 흑 2로 도망쳐 보아도 백 3 이하 계속 단수로 몰아 가장자리까지 간다.

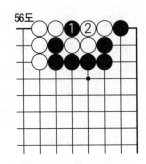
56도

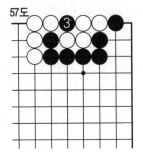
57도

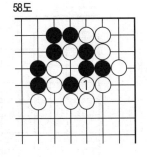
58도

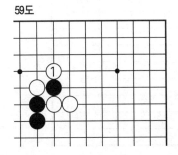
59도

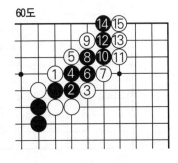
60도

61도 : 흑이 도망쳐 나가는 방향에 응원군인 ●가 있으면 이 「축」은 흑이 유리하다. 다시 말해서 백이 「축」으로 모는 수단이 성립하지 않는다는 말이다. 이 흑●와 같은 응원군을 「축머리」라고 한다.

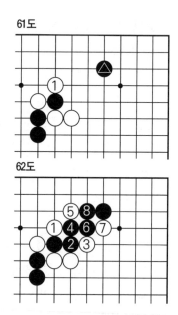

62도 : 흑 8까지로 도망치면 「축머리」와 연결이 되어 「단수」에서 벗어나게 된다.

부분적으로는 알기 쉽지만, 실전에서는 돌이 얽히고 설켜

복잡하므로 자칫하면 틀리기 쉽다. 신중히 수를 읽어야 한다.

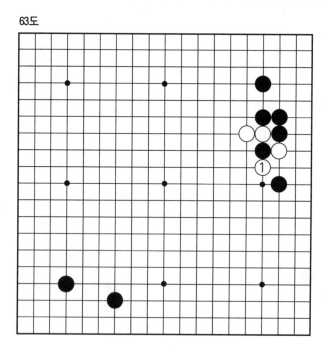

63도 : 백 1로 모는 「축」은 좌하귀에 흑의 「축머리」가 있으므로 성립하지 않는다.

64도(63도의 계속) : 흑 2 이하 34까지로 흑은 구출되어 버린다. 이렇게 되면 「축」으로 몰던 백이 「단점(끊길 곳)」투성이어서 수습할 수 없게 되므로 처음부터 정확하게 수를 읽어야 한다.

64도

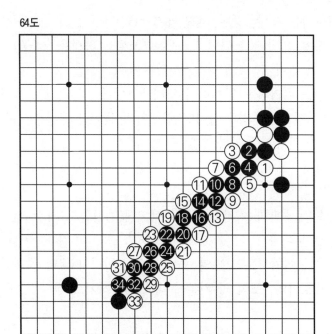

제 4장 초반전의 기초상식

1. 포석의 기본상식

「포석」이란 싸움을 유리하게 이끌기 위한 포진, 다시 말해 돌을 능률적으로 배치하는 것을 말한다.

바둑에는 초반, 중반, 종반의 3단계가 있다. 이 3단계를 그 내용으로 파악해 본다면, 초반은 「포석」, 중반은 「싸움」, 종반은 「끝내기」로 크게 나눌 수 있다.

싸움을 유리하게 전개하기 위해 「포석」을 하고 그래서 싸움이 벌어지고, 싸움이 끝나면 끝내기에 들어간 후 「종국」하는 것이 한 판의 바둑이라고 할 수 있다.

그러면 「포석」을 어떻게 하면 싸움을 유리하게 이끌 수 있을까?

이것은 대단히 어려운 문제여서 전문기사들도 가장 신경을 쓰는 부분이다.

그러나 여기서는 고도의 포석 기술이 아니라 극히 기초적인 상식으로서의 「포석」의 기본에 대해 설명하기로 한다.

1도(바둑이라는 싸움터의 세 부분)

싸움터가 되는 바둑판 위는 크게 세 부분으로 나눌 수 있다.

A의 주변은 귀.

B의 주변은 변.

C의 주변은 중앙.

이 세 부분은 각각 그 성질
이 다르다. 그 특징을 이해하
는 것이 「포석」을 이해하는 첫
걸음이다.

포석의 단계에서는 A, B,
C의 세 부분에 값어치의 크고
작음이 있다.

중반의 싸움에 접어들면 귀
나 변이나 중앙이거나를 가릴
것이 없지만 포석 시기에는 이
세 부분을 분명하게 구별해서
생각해야 한다.

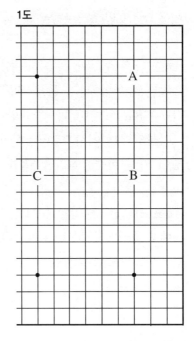

1도

2도(가치의 크고 작음)

흑 1로 귀를 차지했을 때 백
은 2로 중앙을 두었다고 하자.
이 교환에 이미 값어치의 크고
작음이 있다.

초반에는 백 2와 같은 착수
는 삼가하는 것이 좋다.

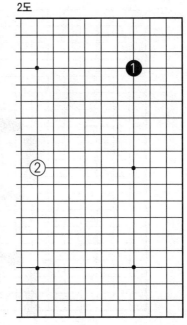

2도

(1) 귀·변·중앙의 비교

3도(같은 크기의 집일 때)

같은 9집을 차지하는데 A의
곳인 귀는 여섯 점, B인 변은

아홉 점, C인 중앙은 열 두 점의 돌을 필요로 한다.

4도(같은 숫자의 돌을 사용했을 때)
똑같은 여덟 점의 돌로 집차지했을 때, 귀(A)는 16집, 변
(B)은 8집, 중앙(C)은 4집 밖에 안된다.
이상의 사실에서, 집차지하기에는 귀가 가장 능률적이고 중
앙이 가장 비능률적임을 알 수 있다.

5도(귀→변→중앙의 순서)
예를 들어 흑 1부터 9까지의 포석 진행은 먼저 귀, 다음에
변, 마지막으로 중앙을 두어 포석의 순서에 부합되고 있다.

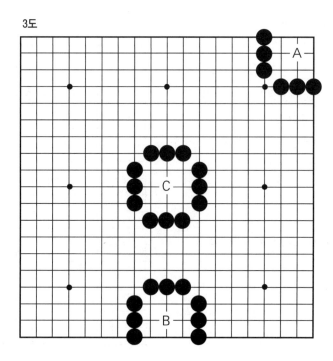

3도

4도

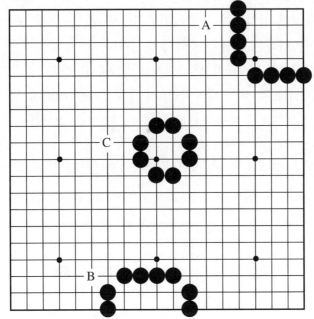

5도

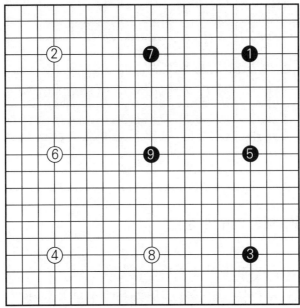

6도(실리의 차이)

능률적인 집차지라는 뜻에서 「첫번째 귀, 두번째 변, 세번째 중앙」이라는 순서가 포석의 순서이다.

예를 들어 흑 1부터 백 8까지 진행됐다고 하자. 흑은 귀를 먼저 두었는데 백은 중앙을 먼저 두고 있다. 이렇게 되면 초반에서 벌써 우열의 차이가 확실하게 들어나고 만다.

흑은 집을 차지하는데 가장 능률적인 귀를 모두 차지했는데, 백은 중앙에서 넉 점이나 소비했으면서도 얻은 「실리」는 아주 보잘 것 없다.

6도

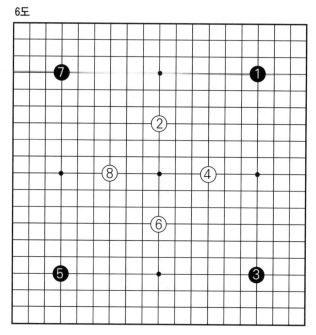

(2) 귀에 대한 착수의 종류

이제 귀를 먼저 두어야 한다는 것을 알았다.

그러면 귀에서는 과연 어느 곳을 두어야 할 것인가?

7도(귀의 착수는 여덟 군데)

귀의 착수는 다음의 여덟 군데를 생각할 수 있다.

A = 화점(花點)

B = 소목(小目)

C = 외목(外目)

D = 고목(高目)

E = 삼삼(3三)

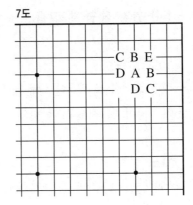

(가) 귀의 착수 제 1그룹

귀의 착수는 크게 두 종류로 나눈다.

하나는 「화점」과 「3三」인데, 귀의 대칭선상(對稱線上)에 위치하고 있다. 이를 귀의 착수의 제1그룹으로 삼는다.

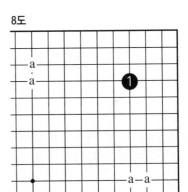

8도(화점)

흑 1의 「화점」은 다음에 a나 그 부근, 즉 변으로 크게 비약하는 수를 내포하고 있다.

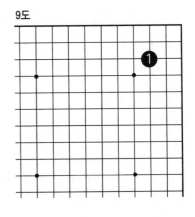

9도(3三)

흑 1의 3三은 한 수로 귀를 처리(「굳힘수」를 필요로 하지 않음)하여, 「근거」와 「실리」가 가장 풍부하다.

(나) 귀의 착수 제2그룹

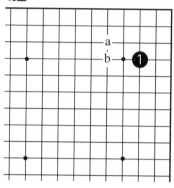

10도(소목)

흑 1의 「소목」은 다음에 a나 b의 「굳힘」을 서둘러야 한다.

11도(외목)

「외목」도 다음에 둔다면 a의 굳힘이 상식이다.

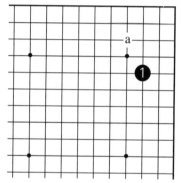

12도(고목)

「고목」의 경우도 굳힘이 값 어치가 큰 수가 된다.

「소목」, 「외목」, 「고목」을 귀의 착수의 제2그룹으로 삼는다.

제1그룹은 한 수로 귀를 처리하지만, 제2그룹은 다음에 「굳힘」(백에서는 「걸침」)이 중요하다.

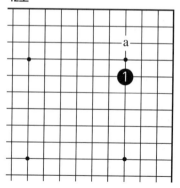

(3) 「변」의 벌림

「귀→변→중앙」이라는 포석 순서와 함께 포석에서 주의할 원칙에 「변의 벌림」이 있다.

13도(제3선의 두 칸 벌림)

제3선상에 있는 변의 흑 한 점에 「근거」를 부여하려면 흑 1(또는 a)의 두 칸 벌림이 하나의 「모양」이다.

두 칸 벌림에 의해 흑은 우선은 「근거」를 얻게 되었다. 변에서 얻는 집은 대단할 것이 없지만 대단히 중요한 한 수이다.

14도(화급한 곳)

이와 같은 배치에서는 흑 1은 화급한 곳이다.

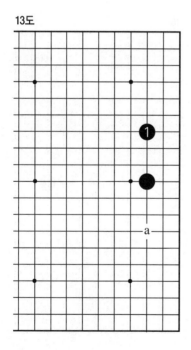

13도

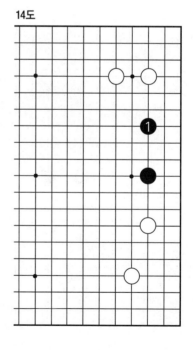

14도

15도(공격)

두 칸 벌림을 취하지 않고 게을리했다가 백 1로 압박당하면, 흑 2로 뛰어 도망쳐야만 한다.

백 1과 흑 2의 교환은 「실리」에 있어서 백 1은 이득을 올린 수인데 대해, 흑은 2로 뛰어도 흑 두 점은 아직도 불안정한 상태이다.

16도(갈라치기)

다음에 두 칸으로 벌릴 것을 전제로 해서 「갈라치기」라는 수법이 있다.

흑 1은 막연하게 변을 두고 있는 것 같지만, 사실은 위, 아래의 a라는 두 개의 두 칸 벌림을 내다보고 있는 것.

따라서 흑 1은 유력한 수법이다.

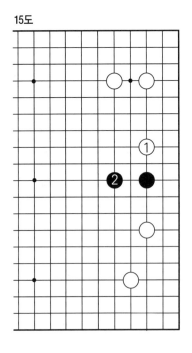

15도

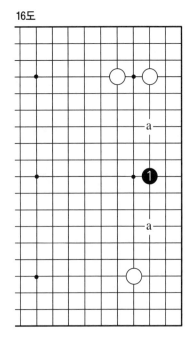

16도

17도(「다가섬」과 「벌림」)

「갈라치기」에 대해 백 1로 「다가서면」 흑 2로 벌린다.

흑 2를 게을리하면 백 a가 있어 흑이 괴롭게 된다.

18도(「맞보기」)

백 1로 다가서면 흑 2로 벌린다.

즉 흑은 어느쪽부터 압박당해도 두 칸으로 벌릴 여유가 있는 셈이다. 이와같은 상태를 「맞보기」라고 한다.

●는 위, 아래의 벌림을 「맞보기」로 삼고 있는 것이다. 두 칸 벌림을 「맞보고」 있으므로 ●의 한 점은 대단히 여유만만한 돌이라고 할 수 있다.

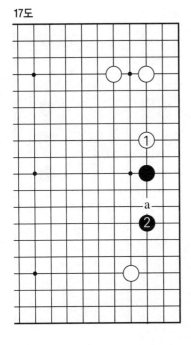

17도

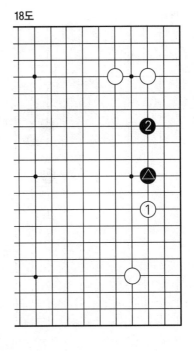

18도

19도(분단시키는 수가 없다)

두 칸 벌림에 대해서는 직접적으로 분단시키는 수는 없다.

백 1이면 흑 2이고 다시 백 a면 흑b, 백 b면 흑 a, 백 c로 끊으면 흑 d이다.

20도(세 칸 벌림)

흑 1로 세 칸까지 벌려 보자.

보통 변의 세 칸 벌림은 「얄팍하다(약점이 있다)」고 인정되고 있다. 백 2의 침입수단이 있기 때문이다.

백 2의 침입을 당하면 흑 두 점은 분단되어 상당한 공격을 받게 되므로 두 칸 벌림만치 강력하지 못하다.

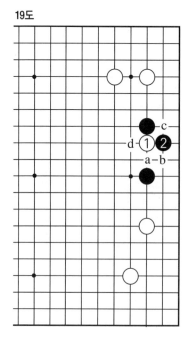

19도

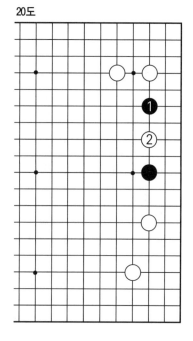

20도

⑷ 2립 3전(二立三展)

21도(한 줄 넓게)

●의 두 점이 중앙을 향해 늘어선 형.

두 점으로 섰을 때(2립했을 때)는 세 칸까지 벌릴 수 있다. 이것을 「2립3전(二立三展)」이라 한다.

「입(立)」은 두 점 이상으로 선다는 뜻, 이 경우 흑 a의 두 칸으로 몸조심할 필요는 없다.

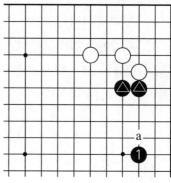

22도(견고한 형)

「2립3전」은 부분적으로 견고한 모양이다. 백 1에는 흑 2로 붙여서 아무 염려가 없다.

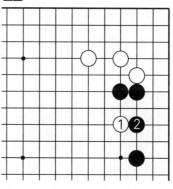

23도(수습되는 형)

백 1에도 흑 2로 능히 수습할 수 있다. ●가 있으므로 효과적으로 영향력을 발휘하고 있다.

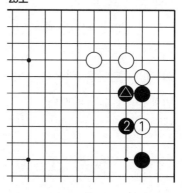

24도(정석)

흑 1부터 7까지는 정석이다.

이 흑 7이 「2립3전」. 흑 3, 5로 「2립(二立)」했으므로 세 칸까지 벌리는 것이다.

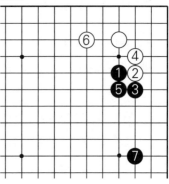

24도

25도(2립2전)

무조건 변의 두 칸 벌림이 「모양」이라고 해서 흑 1에서 3으로 벌리는 것은 다음에 백 4로 붙여와 흑 5와 교환하게 되면, 흑 1, 5의 「2립」에서 흑 3의 두 칸으로 벌린 비능률적인 모양이 되고 만다.

때문에 이 경우의 흑 1, 3은 좋지 않다.

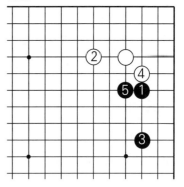

25도

26도(좋은 모양)

흑 1, 3의 세 칸 벌림일 때 백 4로 붙이면 흑 5. 「2립3전」의 좋은 모양을 허용하므로 이번에는 백 4가 나쁘다.

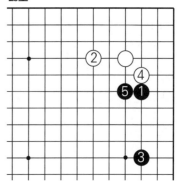

25도

27도(지나친 벌림)

흑 1은 「2립4전」, 지나치게 벌린 것.

백 2의 「침입수」가 있기 때문인데 역시 a의 세 칸 벌림이 상식이다.

28도(주위의 상황)

그런데 「2립3전」의 좋은 모양도 주위의 상황에 따라서는 얄팍해질(약점이 생길) 경우가 있다.

예를 들어 백 ⬭ 부근에 다가선 돌이 있으면 당장에 백 1의 「침입수」를 노리게 된다.

「2립3전」은 어디까지나 벌림의 원칙이지, 상대방 세력이 강한 곳에서는 견고하게 지켜야 한다.

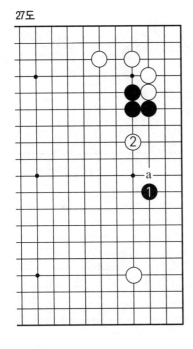

27도

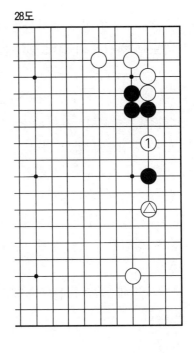

28도

2. 정석의 기본상식

「정석」이란 초반에 귀에서 발생하는 접근전(接近戰)인데, 쌍방이 최선을 다해 공평한 절충이 이루어진 모양을 말한다.

포석의 원칙상, 시작과 동시에 귀를 먼저 차지하려는 다툼이 벌어진다. 그 다투는 속에서 정석이 탄생한다.

정석의 수는 보통은 사용하지 않은 것까지 합치면 수만 종류에 달한다. 그 전부를 안다는 것은 불가능하며, 무익한 일이기도 하다. 기본이 되는 몇 가지 정석만 철저히 파악하면 충분한 것이다.

(1) 화점의 성질

「화점」은 귀의 착수 중 독특한 특징을 갖고 있다.

첫째, 「세력」이 풍부하다는 점.

1도의 화살표 방향에 발전성이 있어 세력이 풍부하다는 점을 알 수 있다.

둘째, 귀를 한 수로 처리하고 있다는 점.

화점은 이처럼 「세력과 스피드」를 특징으로 삼고 있다.

「화점정석」 역시 「세력과 스피드」라는 화점의 성질과 불가분의 관계에 있다. 그러나 화점은 장점만 있는 것이 아니다.

「실리」에 약하다는 약점도 있다.

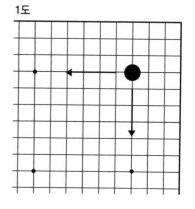

1도

2도(쉽게 살아버린다)

화점에서 한 수 더 흑 1로 두어도 귀를 그대로 집으로 굳히지 못한다.

백 2로 「3三」에 침입하면 14 까지 쉽게 살아 버린다. 흑 15 까지는 정석 수순이다.

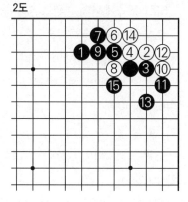

2도

3도(「날일자」로 지켜도 같은 결과)

흑 1의 「날일자」로 지켜도 백 2 이하의 침입 수단이 있어, 귀는 흑집이라고 할 수 없다.

흑 a, 백 b라면 「패」가 된다.

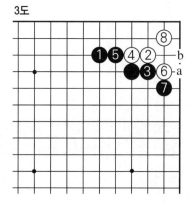

3도

4도(3三)

흑 1의 「3三」이라면 귀는 흑 집으로 굳어지지만, 그대신 화점과 같은 세력은 기대하지 못한다.

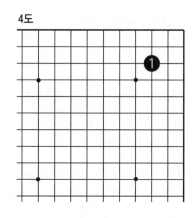

4도

5도(소목에서의「굳힘」)

소목에서의「굳힘」은 중요한 한 수여서 서둘러야만 한다.

이「굳힘」에 의해 비로소 10집에 해당하는「실리」와「근거」를 얻을 수 있다.

소목처럼 제2그룹에 속하는 착수(외목, 고목)는 모두가 두 수를 써서 귀를 확보할 수 있다.

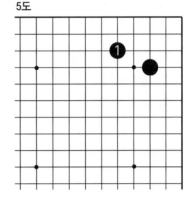

6도(비약)

화점은 귀의「실리」가 약하므로 차라리 흑 1에서 다시 흑 2로 크게 비약하는 수를 보게 된다.

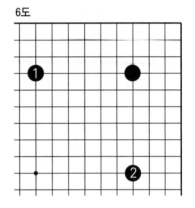

7도(화점은 귀를 지키는 수는 아니다)

화점의 흑이 변으로 크게 전개해도 백 1의 침입에 의해 귀는 간단히 파괴당하지만 이것은 하는 수 없다.

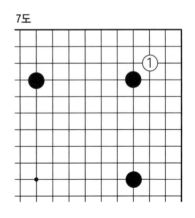

8도(3三의 경우)

「3三」의 흑에서 변으로 크게 비약한 모양에서는 백 1의 「삭감」이 아주 좋은 수. 7도와 비교해 보기 바란다.

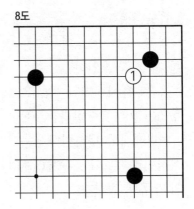

(2) 화점에 대한 걸침과 응수

9도(걸침)

백이 화점에 걸친다고 하면 a, b, c의 세 가지를 고려하게 된다.

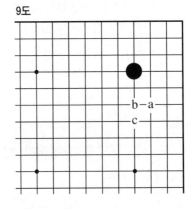

10도(흑의 응수)

백 1의 걸침이 가장 상식적인 수.

이에 대한 흑의 응수는 a의 붙임수, b, c, d의 응수, e, f, g의 「협공」등 다양하다.

초급의 정석으로는 a의 붙임수와 b의 한 칸 뛰기를 권하고 싶다.

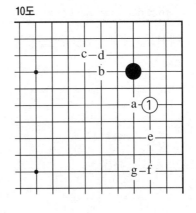

11도(취향)

11도

백 1 또는 백 a의 「높은 걸침」은 가끔 쓰인다.

흑은 백 1이거나 백 a거나 무조건 2로 응수한다.

초반에서의 백 1이나 a는 상식적이라기보다 「취향(趣向)」의 부류에 속한다.

12도(모양을 확정한다)

12도

흑 2는 「기대는」 정석. 모양을 확정짓기 위한 수이다.

13도(모양이 확정되지 않는다)

흑 2는 모양을 확정짓지 않고 두는 정석.

12도와 13도가 「화점 정석」에서도 가장 기본적인 정석이다.

13도

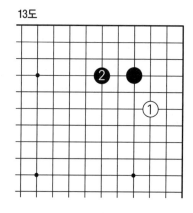

(가) 붙여 뻗는 정석

1도(접바둑 정석)

흑 2, 4로 붙여 뻗으면 백 5, 흑 6은 모두 중요한 곳(要處).

백 7, 흑 8로 서로 벌려서 일단락.

이것을 「붙여 뻗는 정석」이라 부르는데, 모양이 확정되어 버리므로 초보자에게 알기 쉬운「접바둑 정석」의 하나이다.

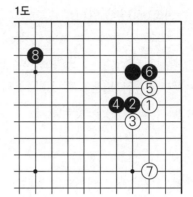

2도(완착)

흑 1은 a의 약점을 염려한 수겠지만 날카롭지 못한 수(완착)이다.

「접바둑」에서라면 모를까 「맞바둑」이라면 흑 1같은 수는 두지 말아야 한다.

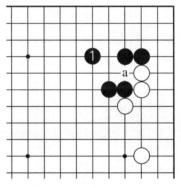

3도(경우에 따른 수)

이 흑 1은 좋은 수이다. 이미 흑 ●가 대기하고 있기 때문이다.

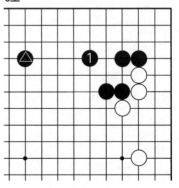

4도(지나친 벌림)

백의 입장에서는 a의 눈목자까지가 벌림의 한도이고, 백 1은 지나친 벌림, 흑 b의 침입수가 있어 너무 얄팍하다.

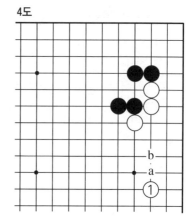

5도(백, 나쁘다)

백 1또는 그 부근을 두어 흑을 벌리지 못하게 방해하는 것도 좋지 않다.

흑 2가 공격의 급소. 백 3이면 흑 4로 『두 점 머리를 두들긴다.』

백 3으로 a하여 굴복하면 흑도 만족할 수 있다.

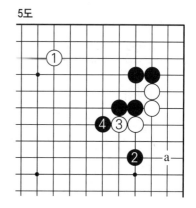

6도(흑, 나쁘다)

이 정석의 수순에서 흑 1, 백 2의 교환은 악수.

백 a, 흑 b, 백 c의 「맞끊음수」가 생긴다.

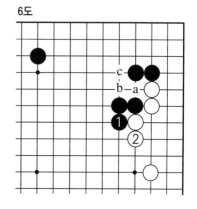

7도(흑, 나쁘다)

「붙여 뻗는 정석」중에서 또 한 가지 주의할 것은 백 1에 대한 흑의 응수.

흑 2, 4로 응수하면 ●의 두 점이 잡힌다.

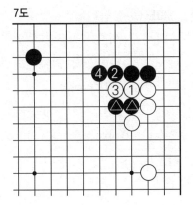

7도

8도(막는 수)

백 1에는 단호하게 흑 2로 막아야 한다.

백 3이면 흑 4. 다음에 흑 a 로 끊으면 백 석 점이 잡히므 로—

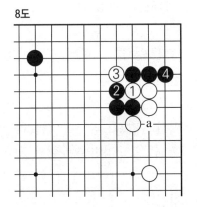

8도

9도(다시 「완착」)

백 1로 꽉 잇는다. 그러나 여기서 흑 2로 밑쪽에서 단수 하는 것은 너무 겁쟁이 같은 수.

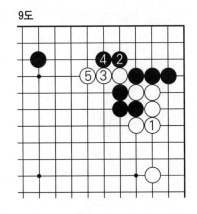

9도

10도(수상전)

백 1로 이으면 흑 2로 위쪽에서 단수한다. 백 7까지 되면 귀는 「수상전(手相戰)」.

이 「수상전」에서 정확하게 응수할 자신이 없으면 위쪽에서 단수하지 못할 것이다.

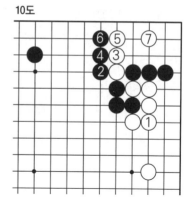

10도

11도(흑 이김)

백 1 이하 흑 5까지.

백 6으로 저항해도 흑 7로 끌면 그만이다.

흑 9 다음 백 a라면 흑 b, 백 b라면 흑 a, 또 백 c라면 흑 d, 백 d라면 흑 c이다.

그래서 이 「수상전」은 흑이 이김.

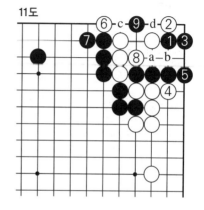

11도

12도(역시 흑 이김)

백 1의 「마늘모(입구자)」라면 흑 2가 포인트.

백 3 이하의 「수상전」은 흑이 한 수 이긴다.

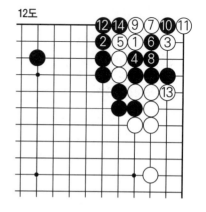

12도

13도(「공배」를 메움)

9도의 백 1 대신, 이렇게 1로 막아 공배를 메우는 것도 유력하지만…

흑 2, 4를 듣게 하고 흑 6으로 위쪽에서 단수한다.

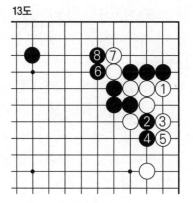

14도(13도의 계속)

백 1하면 역시 흑 2. 이하 흑 10까지 「패」가 되지만, 흑 12라는 절대적인 「팻감」이 있어 부분적으로는 흑이 이긴다.

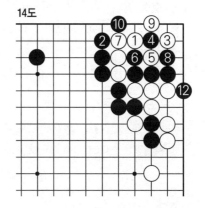

15도(14도의 변화)

14도의 백 5로 이렇게 백 1하여 밑에서 단수하면, 흑 2이하 8까지 계속 단수하여 흑이 한 수 이긴다.

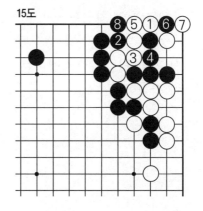

16도(백, 호구 이음)

백 7의 「호구」로 잇는 것은 두터운 수법.

흑 a로 내려서도 백에게 아무런 위협이 안되므로 직접 백 b로 뚫고 나오는 수가 있다. 그러나 그래도 흑 8로 크게 벌리는 것이 정석.

흑 8로 벌리는 대신, 흑 c하는 것은 8의 부근에 흑돌이 있을 경우에만 허용되는 수단이다.

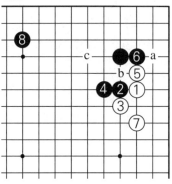

17도(백, 무거운 모양)

백 1로 뚫으면 흑은 2, 4로 늦춘다. 그러면 △가 무거운 모양이 되므로 흑은 만족할 수 있다.

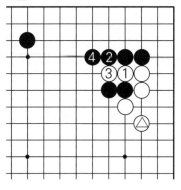

18도(백의 침입수)

정석 후의 주의할 점. 백 1의 침입에는 흑 2로 붙이는 것이 상식이다.

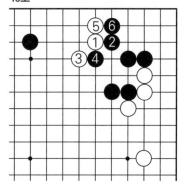

19도(좋지 않은 「붙여 뻗음」)

●가 우변에 있는 이와같은 상황에서는 흑 2, 4로 붙여 뻗는 정석은 타당하지 않다.

「협공」을 받아 약화된 백 1을 오히려 안정시켜주고 만다.

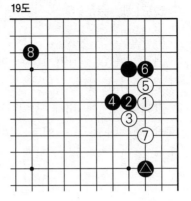

20도(공격)

이와같은 상황에서는 적을 안정시켜 주는 「붙여 뻗는 정석」보다 흑 2, 4라는 공격이 효과적이다.

모양을 확정짓고 마는 「붙여 뻗는 정석」은 때와 상황을 가려서 사용해야만 한다.

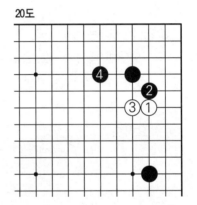

21도(뛰어 붙임)

흑 2, 4로 붙여 뻗었을 때 백 5로 뛰어 붙이는 수단도 있다. 이때의 정석은 흑 a와 흑 b가 있다.

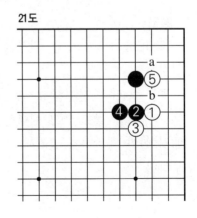

22도(백, 충분)

흑 1, 3은 온건함.

백 4, 흑 5가 되어 1도와 비슷한 무사한 갈림.

그러나 1도에 비해 백이 귀쪽에 깊숙이 들어와 있는 것이 흑은 불만.

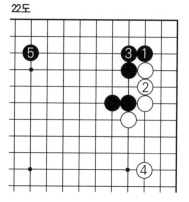

23도(움츠리는 수)

흑 1일 때 백 2로 움츠리는 것도 정석. 흑 7의 한 칸까지.

수순 중 흑 5로 꽉 잇는 것이 중요하다.

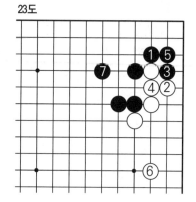

24도(흑, 충분)

흑 1로 끼우는 수를 권하고 싶다.

백은 8까지 견고해졌지만, 흑도 세력을 쌓고서 그 세력을 배경 삼아 흑 9까지 벌려서 충분하다.

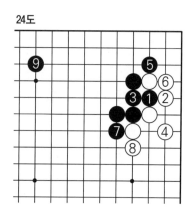

84

25도(24도의 계속 ; 큰 수)

이 다음 백 1, 3, 5로 끊어 먹는 것이 실로 큰 수.

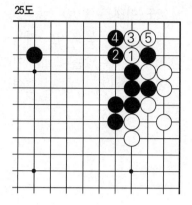

26도(24도의 계속 ; 교란작전)

중반의 노림수라면 백 1부터 3이는 교란작전도 있다.

흑은 이와같은 백의 여러가지 수단에 주의를 기울여야 한다. 그러나 백이 뛰어 붙여오면, 24도는 이용도가 높은 정석이다.

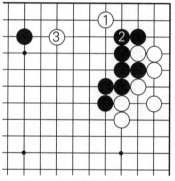

27도(수순)

흑 1을 먼저 두는 것은 백 2를 허용하므로 흑이 좋지 않다. 수순이 중요하다.

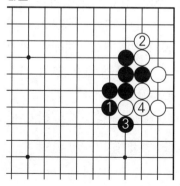

28도(이것도 정석)

백 1의 「마늘모(입구자)」도 정석이다. 흑 2는 「맥점」이고 이하 백 9까지, 24도로 환원된다.

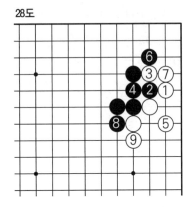

29도(28도의 변화)

백 1에 흑 2로 붙이는 것도 있다. 백 3 이하 흑 8까지가 정석이다. 이것도 23도에 환원됨.

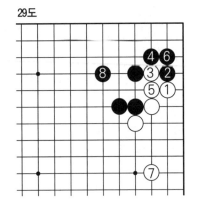

30도(실전적인 정석)

백 1에 대해 흑 2하는 것은 실전적인 정석. 백에게 확실하게 안정된 모양을 주지 않으려는 것.

「붙여 뻗는 정석」은 이밖에도 여러가지가 있다.

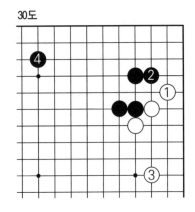

31도 (「3三」 침입)

흑 2, 4로 붙여 뻗었을 때 백 5의 「3三」침입.

귀의 실리를 중시한 수법이다.

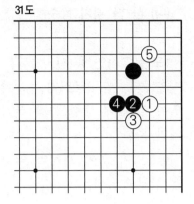

32도 (흑, 좋지 않다)

이때 흑 1 이하 백 8까지의 수순은 흑이 좋지 않다. 28도와 비교하면 백이 크게 이익임을 알 수 있다.

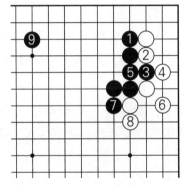

33도 (세력)

흑 1로 젖혀 막는다.

백 2라면 흑 3.

백은 귀를 차지한다는 목적은 달성했지만, 흑도 바깥쪽에 세력을 얻었다. 이것도 정석이다.

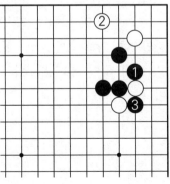

(나) 한 칸 뛰기 응수

1도(본격적인 응수)

흑 2의 「한 칸 뛰기」는 「날일자 걸침」에 대한 가장 본격적인 응수.

공격력이 있어 화점의 특징을 살리고 있다.

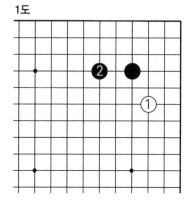

2도(기본형)

백 1로 날일자하고 백 3으로 벌린다. 흑 4까지, 쌍방이 당당한 모양을 갖춘 갈림이다.

흑 4는 경우에 따라서는 두지 않고 생략하는 경우도 있다. 백은 1의 날일자가 중요하다.

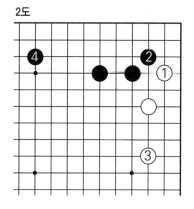

3도(2립2전)

그냥 백 1로 벌리면 흑 2의 붙임수를 당해 「2립2전」. 보통은 백이 좋지 않다고 보는 것이다.

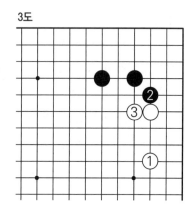

4도(정석 이후)

2도의 다음, a의 곳은 어느 쪽이 두어도 큰 수가 된다. 또 백에서는 b의 침입, c의 붙임 수 등을 노리게 된다.

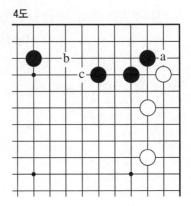

5도(가볍게 본다)

백 1로 구축하는 것도 정석이다. △의 한 점을 가볍게 본다는 뜻이다. 우하귀에 백돌이 있을 경우에 유력한 수법이다.

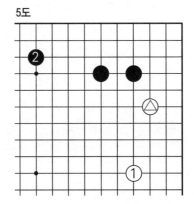

6도(노림수)

흑에서는 1로 뛰는 수가 크며, 다음에 흑 a의 침입을 노릴 수 있다. 그렇게 되면 △는 점점 가벼운 돌이 된다.

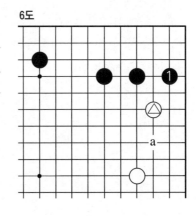

7도(정직하다)

백 1로 둔다면 백은 건실하고 좋은 모양이지만, 수단으로서는 너무 정직하다.

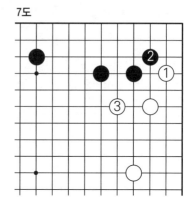

8도(3三 침입)

백이 세 칸으로 높게 구축한 것은, 백 1로 「3三」에 침입하려는 노림수가 크기 때문이다.

흑은 상변을 중시한다면 흑 2, 4로 막아 「선수」를 잡고 다른 곳에 손을 돌린다.

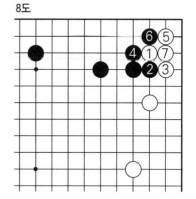

9도(흑, 손해)

흑 3을 생략하고 먼저 흑 2로 막는 것은 8도에 비해 흑이 손해. 주의해야 한다.

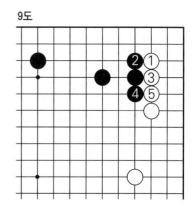

90

10도(백을 살려준다)

흑은 상변을 차지해봐도 대단할 것이 없다고 판단되면 흑 4로 젖혀 막아 백에게 「귀살이」를 허용한다.

백 7 다음 흑 a로 젖혀 백 b를 허용해도 좋다.

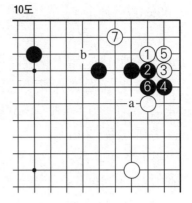

11도(봉쇄)

흑 1로 붙여서 두텁게 봉쇄하는 것도 있다. 흑 7까지 이루어진 견고한 모습은 매력적이다.

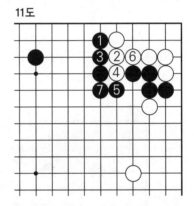

12도(고수자의 전법)

「맞바둑」에서는 잘 쓰지 않지만, 「접바둑」이라면 백 1은 가끔 쓰는 정석이다.

그러나 백 두 점은 서로 멀리 떨어져 있어서 얄팍한 수단이라 하겠다.

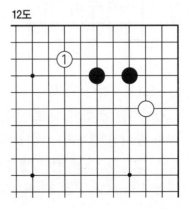

13도(견실)

흑 1의 한 칸으로 뛰어 좌우의 백돌에 대한 공격을 「맞본다」는 것은 건실한 수법이기는 하다. 또 더 건실하게 흑 a하는 수도 있을 것이다.

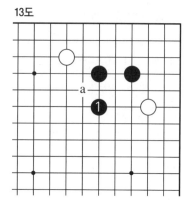

13도

「접바둑」이라면 흑 1이나 흑 a로도 충분하며, 옛날에는 흑이 좋다고 판단되었던 시대도 잇었다. 그러나 직접 공격하는 수가 아닌만치 다소 날카롭지 못하다는 느낌이다.

화점정석이라는 입장에서는, 흑은 좀 더 날카로운 수단을 찾아야 한다.

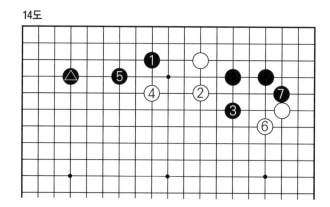

14도

14도(전체적인 관련)

전체적인 상황에 따르는 것인데, 예를 들어 좌상귀에 ●가 이미 두어진 경우에는 흑1로 다가가고 싶다.

백 2가 흑 3으로 뛰는 계기를 만들어주므로, 그냥 흑 3으로 뛰는 13도보다 능률적이며 이득이라 하겠다.

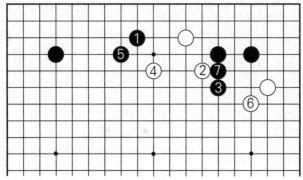

15도(흑의 당당한 진행)

흑 1일 때 백 2가 정해진 응수.

그러면 흑 3이 모양이다. 백 4에는 흑 5로 응수, 백 6이면 흑 7로 잇는다. 흑은 화점정석다운 당당한 진행이다.

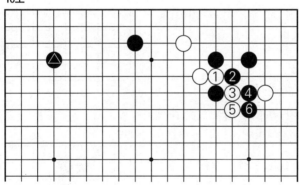

16도(맞끊음)

백 1, 3으로 맞끊는 수를 흑은 염려할 필요가 없는 것이다.

보통은 흑 2, 4로 단수하고 6까지, 백은 궤멸상태. 백은 수습이 불가능하다. 그런데 좌상귀에 ●가 없는 국면이라면 어떻게 해야 할 것인가?

17도(우변을 공격)

흑 1로 협공하여 △를 공격하는 것도 유력.

우하귀에 흑돌이 있는 경우 흔히 두는 수단. 백 2, 4라면 수습된 모양이다.

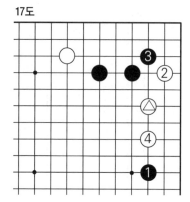

17도

18도(바꿔치기)

한 줄 좁게 흑 1하여 날카롭게 협공하는 수단도 있다.

백 2로 「3드」에 침입해오면 귀는 차라리 백에게 넘겨주고 바깥쪽에 세력을 쌓는 것이다.

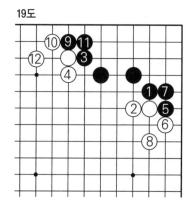

18도

19도(어리석은 수)

초보자들이 흔히 쓰는 수에 흑 1, 3이 있다.

이렇게 양쪽에 「마늘모(입구자)」로 붙인 후 11까지, 귀를 넓게 차지한 것 같지만 사실은 흑이 나쁘다.

귀의 흑집은 변에 허용한 백의 두터움(세력)에 미치지 못한다.

19도

(3) 소목정석

「소목정석」을 두세 가지 살펴보자.

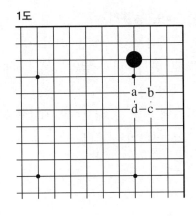

1도(소목에 대한 걸침)

「소목」에 대한 걸침은 a에서 d까지 네 가지를 생각할 수 있다.

2도(기본정석)

백 1의 한 칸 높은 걸침이라면 백 7까지 하나의 기본적인 정석.

3도(발전성)

흑 1로 「마늘모(입구자)」하는 것도 잇다.

높은 위치에 있으므로 다음에 a 부근이 쌍방의 「호착(好着)」이 된다.

흑 b의 한 칸 뛰기라면 위치가 낮으므로 a 부근은 보잘것없는 수가 된다.

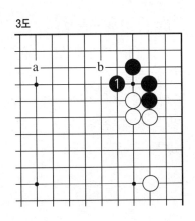

4도(능률적)

백 1로 호구하는 정석은 3으로 한 줄 넓게 벌리고 싶을 때에 쓴다.

백 a로 꽉 이으면, b까지밖에 벌리지 못한다.

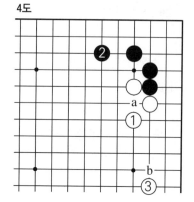

5도(복잡)

백 1의 「날일자」로 낮게 걸치면 흑의 응수는

a의 「마늘모(입구자)」,

b의 붙임수,

c에서 h까지의 협공 등 다양하다.

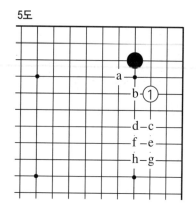

6도(건실한 마늘모)

흑 1의 「마늘모(입구자)」가 가장 건실.

다음에 a의 「어깨짚음」, b의 벌림, c의 공격 등을 노리고 있다.

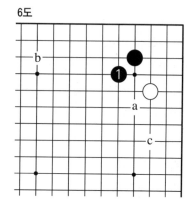

7도(두 칸 높은 협공)

흑 1의 두 칸 높은 협공은 날일자 걸침에 대한 일반적인 응수이다. 협공 중에서도 균형이 취해져 있어서 흔히 쓰인다.

백 2, 흑 3을 교환해서 백 4까지.

우하귀에 ◎가 있는 「포석」과 같은, 백 2, 4는 유력하다.

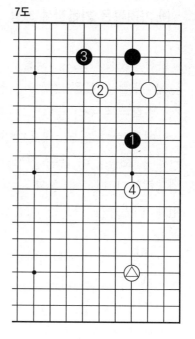
7도

8도(쌍방이 만족)

흑 1에 백 2의 「마늘모(입구자)」는 견실. 흑 5까지, 쌍방이 불만은 없을 것이다.

소목정석은 대단히 복잡하다. 그러나 외목·고목정석과 함께 초급에서 중급으로 올라가면서 마스터하면 된다.

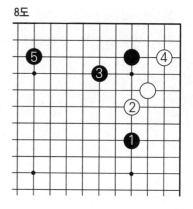
8도

여기서는 「화점정석」의 대표적인 것과 「소목정석」 두세 가지를 설명한 것으로 끝내기로 한다.

⑷ 가려뽑은 기본정석 39형

화점, 소목, 고목, 외목, 3 三에 각각 걸쳤을 경우의 정석, 변화는 무수히 많다.

앞에서는 화점의 대표적인 정석과 소목정석 한두 가지만 설명하였기 때문에 참고로 실전에 빈번하게 나오는 기본정석을 선택하였다.

해설은 붙이지 않았지만, 정석이란 이런 것이라는 느낌을 가져주기 바란다.

초보의 단계에서는 정석을 하나씩 파악해가는 일이 필요하다. 변화까지를 포함한 정석 연구는 정석책에 의거하기 바란다.

〈화점정석〉

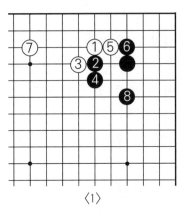

〈1〉

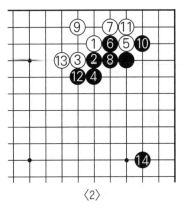

〈2〉

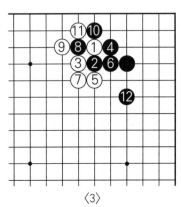

〈3〉

\<소목정석\>

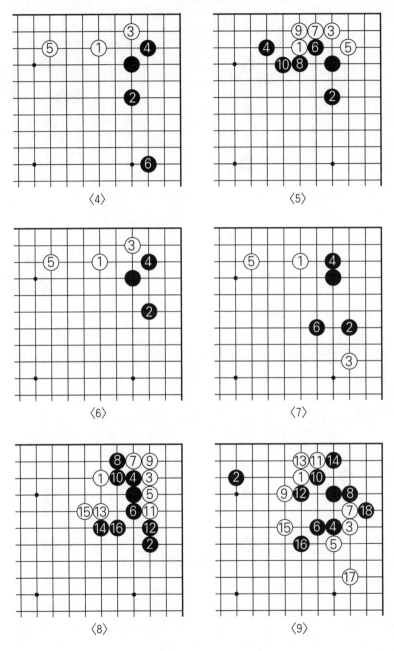

〈4〉

〈5〉

〈6〉

〈7〉

〈8〉

〈9〉

<소목정석>

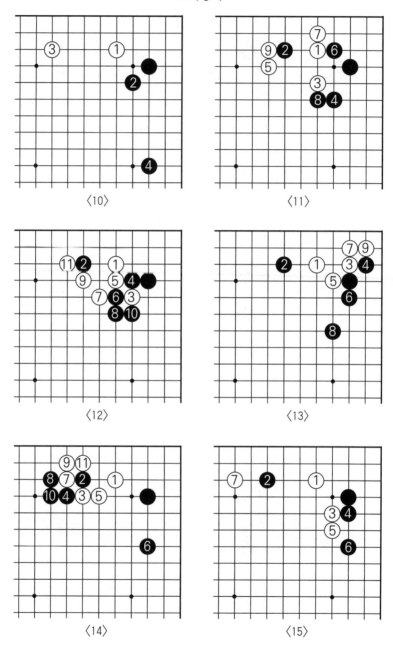

〈10〉

〈11〉

〈12〉

〈13〉

〈14〉

〈15〉

<소목정석>

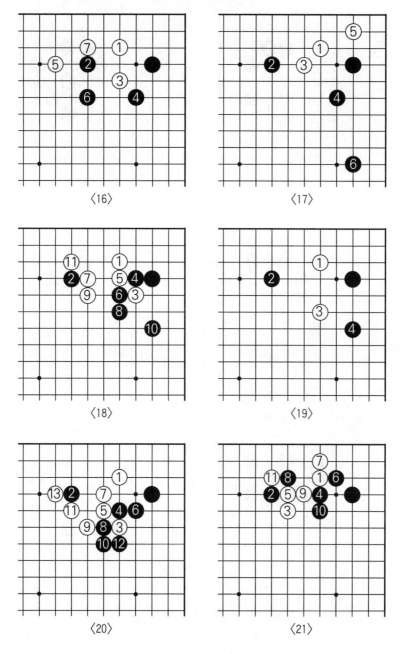

〈16〉　　　　　　　〈17〉

〈18〉　　　　　　　〈19〉

〈20〉　　　　　　　〈21〉

<소목정석>

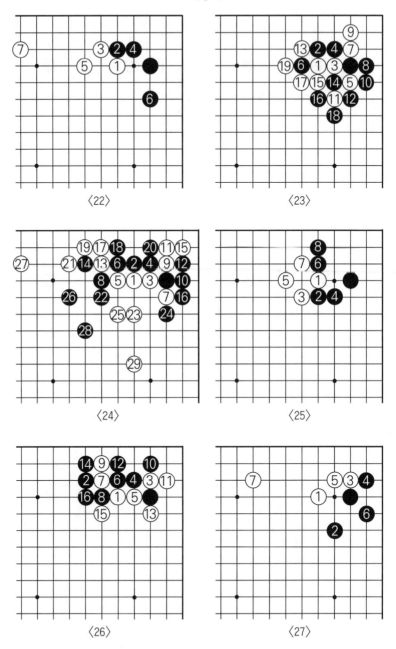

〈22〉

〈23〉

〈24〉

〈25〉

〈26〉

〈27〉

<고목정석>

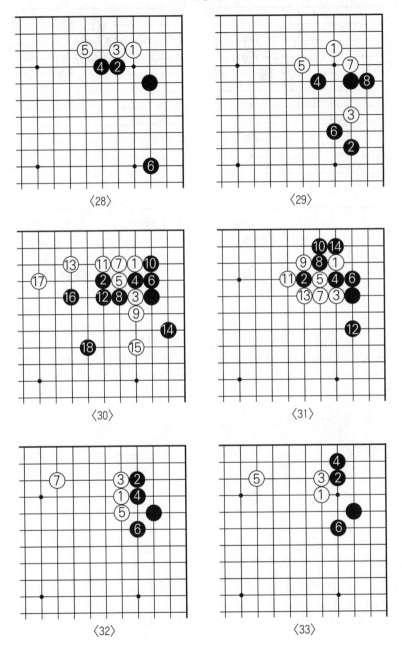

〈28〉　　　　　　〈29〉

〈30〉　　　　　　〈31〉

〈32〉　　　　　　〈33〉

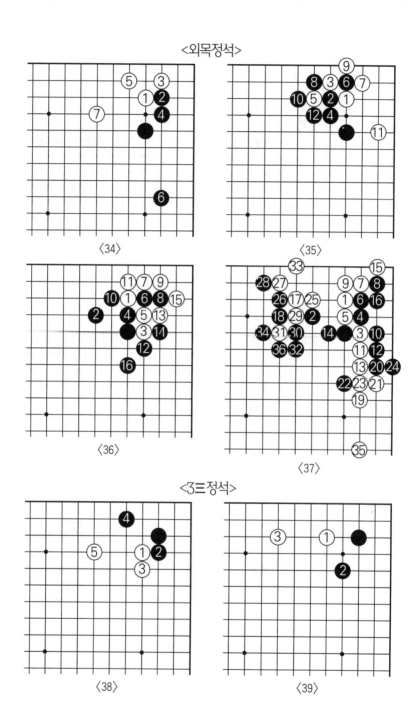

<외목정석>

<34>

<35>

<36>

<37>

<3三정석>

<38>

<39>

제 5 장 중반전의 기초 상식

포석 단계가 끝나면 흑백의 돌이 서로 접촉해서 싸움이 시작된다. 아마츄어들이 가장 즐기는 단계가 이 중반싸움이다.

싸움에는 「맥(脈)」과 「모양(形)」, 「형세판단」 등 여러가지 요소가 포함된다.

제5장에서는 전투의 요령을 살펴보기로 한다.

1. 모양(形)의 기본상식

바둑은 「모양(形)」이라고도 한다. 모양이 나쁜 수를 두는 사람은 여간해서 실력이 향상되지 않는다.

자기의 모양을 좋게 하면서 상대의 모양을 파괴하는 것이 전술이므로, 돌의 모양을 보고 좋은 형인지 나쁜 형인지를 판단할 수 있어야 한다.

그러면 어떤 모양이 좋고 어떤 모양이 나쁜 것인가?

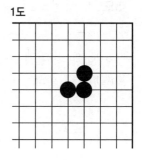

1도 : 이것은 「빈 삼각」이라는 나쁜 형(惡形). 세 개의 돌이 꼬부린 모양이어서 극히 비능률적인 나쁜 형의 대표적 존재.

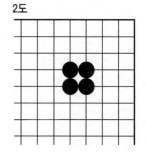

2도 : 「빈 삼각」에 한 수 더 가해지면 「집사(集四)」라는 나쁜형이 된다.

3도 : 이것도 「집육(集六)」이
라는 나쁜 형.

돌수가 많아지면 세력이 강
해지기 마련인데, 한 곳에 몰
려있어서는 「공배」가 적어지고
돌의 힘이 죽고 마는 것이다.

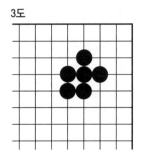

4도 : 같은 돌수라도 백은
바깥쪽에 있어서 「공배」가 7군
데 있으며, 흑에게는 4군데 밖
에 없다.

백이 좋은 형, 흑이 나쁜
형.

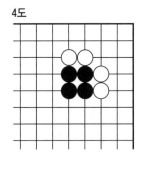

5도 : 직선으로 늘어선 모
양.

「공배」가 10군데 있어 「집사
(集四)」보다 능률적이다.

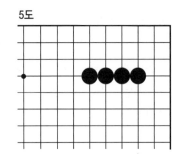

6도 : 5도는 끊기지 않는 모
양이므로 강력하지만, 능률적
인 면에서 본다면 같은 넉 점
이라도, 이처럼 뛰고 있는 모
양이 「공배」가 많아 능률적인
것이다.

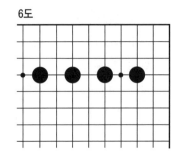

잇는 법과 모양

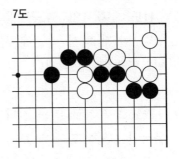
7도

좋은 모양이란 작용력(영향력)이 있는 돌이란 뜻인데, 실제적으로 어떤 모양으로 나타나는가를 살펴보자.

7도 : 흑이 둘 차례다. 어디를 두어야 올바른 모양이 될까?

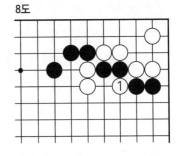
8도

8도 : 흑이 손을 빼면 백 1로 끊긴다.

9도 : 끊기지 않으려면 흑 1로 이으면 된다.
그러나 이것은 ◎의 두 점을 포함해서 흑 1까지의 석 점이 「빈 삼각」의 나쁜 형을 이루고 있다.

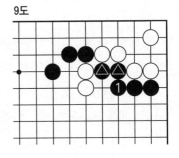
9도

10도 : 흑 1도 「호구」의 이음이지만, 백 2의 단수에 흑 3이으면 「집사(集四)」의 모양에 흑 두 점이 연결된 것이 된다.

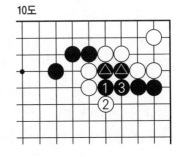
10도

11도 : 흑 1의 「호구이음」도
있다. 이것 역시 백 2에 흑 3
이으면 나쁜 형이 된다.

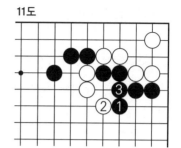
11도

12도 : 흑 1로 뛰는 것이 능
률적인 모양이고 올바르다. 외
부로 나와 「공배」도 많아져서
좋은 모양.

백 a로 끊어도 흑 b의 「축」
으로 잡을 수 있으므로 끊는
수도 방지하고 있다.

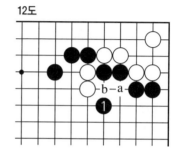
12도

2. 돌의 접촉전(接觸戰)

포석도 물론 싸움이지만, 돌
이 서로 접촉하게 되었을 때의
싸움은 적의 돌을 잡거나 유리
한 태세를 갖추는 등 싸움은
더욱 격렬해 진다.

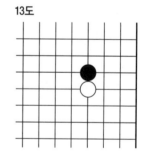
13도

13도 : 돌의 접촉이란 쌍방
의 돌이 맞부딪친 상태를 말하
는데 강력하게 싸우거나 허약
하게 싸우거나이지, 거기서 도
망칠 수는 없다.

지금 현재로는 1대 1이지만,

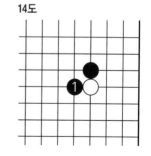
14도

주위에 응원군이 있으면 그 세력을 배경으로 강력하게 싸우고, 반대로 적의 세력권이라면 무모한 싸움을 걸지 말아야 한다.

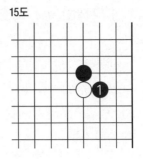
15도

14도 : 흑 1로 위쪽에 젖히는 것이 강력한 방법. 적극적인 전법이다.

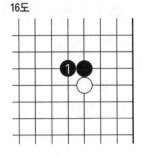
16도

15도 : 젖힘은 강력한 수단이지만, 흑 1로 밑에서 젖히는 것은 약간 소극적. 응수해준다는 기분이 들어가 있는 것이다.

이 두 가지 젖힘이 적극적 응수라고 하면 소극적인 응수도 두 가지가 있다.

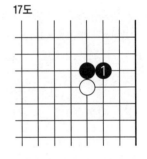
17도

16도 : 위쪽으로 느는 형. 적의 세력이 강할 경우의 수단이다.

17도 : 흑 1로 아래쪽에 느는 것이 가장 수세적(守勢的)인 수.

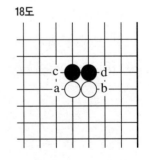
18도

18도 : 두 점씩의 돌이 접촉한 경우도 같다.

흑에서는 a, b의 젖힘과 c, d의 느는 수의 네 가지가 있다.

3.「사석(捨石)」의 요령

전투의 중요한 수단 중에 「사석(捨石)」이 있다. 희생타를 던짐으로써 유리한 태세를 구축하자는 것.

19도 : 백은 불안정한 모양을 하고 있다.

20도 : 백 1 붙이면 흑 2 이하로 잡힌다.

21도 : 백 1이『두 점으로 키워서 버리는』「사석작전」의 상투적인 수단이다.

흑 6까지 백은 잡힌다. 이 다음 백 a하여 흑 b로 따내게 강요해서

22도가 이루어진다.

백은 두 점을 버린 대신, 견고한 모양이 되어, 이것이라면 쉽사리 흑의 공격은 받지 않는다.

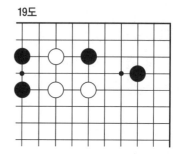

19도

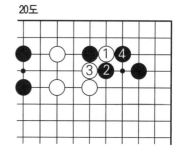

20도

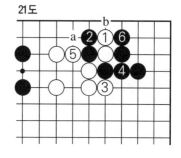

21도

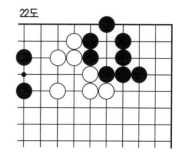

22도

4. 수상전(手相戰)

흑백 쌍방이 퇴로가 막혀 상대의 돌을 잡지 않으면 자기가 잡히게 되는 상태로 한 수를 다투는 수싸움, 즉 「수상전」인데 격렬한 싸움이 된다.

「수상전」을 할 때에는 주의할 점이 두 가지 있다.

1. 상대의 활로(活路), 즉 「외공배(外空排)」부터 메운다.

2. 근본이 되는 돌을 구별해 내야 한다.

23도 : 쌍방이 서로 끊긴 형. 그렇다고 도망칠 곳도 없다.

24도 : 흑 1, 백 2… 이렇게 서로가 「외공배」부터 메워가는 것이 올바른 수순이다.

25도 : 흑 3까지, 흑이 한 수 이긴다.

26도 : 반대로 흑 1하여 「내공배」부터 메우면, 백 8까지, 백이 한 수 이긴다.

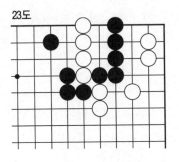

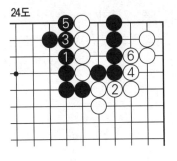

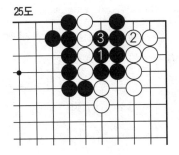

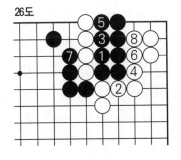

27도 : 비슷한 모양이지만 백은 「쌍립」으로 두 점이 연속되어 있다.

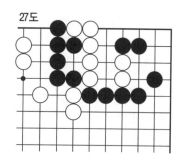

28도 : 흑 1로 직접 모체(母體)가 되는 쪽의 「공배」부터 메워야 한다.

흑 7까지 한 수 이긴다. 백 4로 5의 곳을 이어도 흑 a, 백 4, 흑 b로 메워 역시 흑이 한 수 이김.

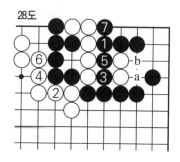

29도 : 같은 백이라 해도, 흑 1부터 메우는 것은 잘못이다.

백 두 점은 근본이 아니라 줄기에 불과하므로 「수상전」에 직접적인 관계는 없다.

흑 9로 두 점을 잡아도 이번에는 백 10까지, 백이 한 수 이겨 흑이 잡힌다.

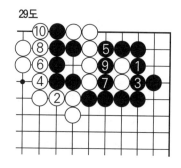

「수상전」은 수수(手數)가 많은 쪽이 이기게 되지만 「집」을 만들 가능성의 유무, 「치중수」의 크기, 「패」의 유무 등의 문제까지 겹쳐서 복잡해지면 어느 쪽이 이기게 되는지를 판단하기가 어렵게 된다.

또 「내공배」가 많은 경우에는 「빅」이 될 가능성이 있다.

112

5. 조이는(죄는) 수단

전투의 「맥(脈)」중에는 「조인다(죈다)」는 수단이 있다. 「사석」을 활용하는 방법의 하나이다.

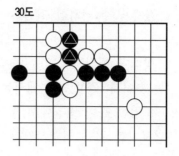
30도

30도 : 「화점정석」에서 이루어지는 형.

⬤의 두 점은 살아날 수 없지만 흑은 이 두 점을 이용해서 좋은 모양을 만들려는 것이다.

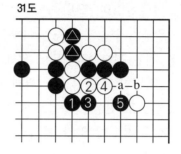
31도

31도 : 흑 1, 3으로 단수하고 5의 「장문」으로 봉쇄한다.

백은 a로 뚫어도 흑 b로 잡히게 되므로

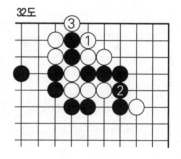
32도

32도 : 백 1, 3하여 두 점을 잡는다. 그러면

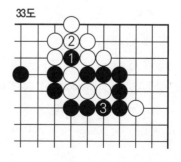
33도

33도 : 흑 1 먹여치고 흑 3으로 단수하는 것이 조이는 「맥」. 백이 1로 이으면 무거운 돌이 되고, 흑은 바깥쪽을 견고하게 해서 능률적인 모양이다.

6. 침입수(낙하산 전법)

상대가 에워싸고 있는 곳, 상대의 진지 속에 침입해 들어가는 수이다. 중반 전투에서는 항상 나타난다.

침입한 돌이 적진에서 살거나 외부로 탈출하거나 하여 적이 집차지할 곳을 파괴시킨다. 깊숙이 침입할 경우에는 살기 위해 정확하게 수를 읽을 필요가 있다.

또 침입한 돌이 「근거」를 지니지 못하고 외부로 도망칠 경우에는 수습할 가능성 여부를 파악하는 것도 중요하다.

침입수는 형세판단에 의해서 두게 된다.

격렬한 수단이므로 형세가 우세하면 『부자가 몸 조심하는 격』으로 위험을 무릅쓰지 않고 집차지할 작전을 세우고, 형세가 뒤졌으면 약간 무리라고 생각될 침입수를 결행하는 일도 있다.

34도 : 백 1은 「3三」 침입.
주위의 흑이 견고해지기 전이라면 살 수 있다.
흑 a나 b로 지역화하기 전에 침입해서, 적진을 파괴해버리는 것이다.

35도 : 「3三」 침입 후 「귀살이」하는 수순의 한 예.
백 8 잇기까지, 백은 살았지만 바깥쪽을 강화한 흑쪽이 유리한 국면이라면 찬성할 수 없다.

34도

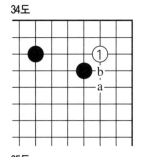

35도

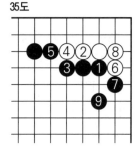

36도 : 세 칸 벌림 이상이라
면 침입수가 있다.

37도 : 적진 속에 뛰어든 예
이다. 여기서부터 싸움이 시작
된다.

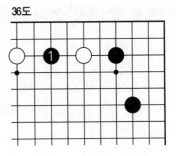

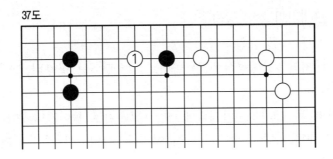

제 6 장 종반전의 기초상식

포석에서 중반 전투에, 그리고 최후에 끝내기로 들어간다. 화려한 싸움이 아니므로 아마츄어들이 가장 싫어 하고 귀찮아 하는 부분이다.

1. 끝내기의 기본 상식

끝내기의 기본 상식은 한 마디로 말하면 『큰 곳부터 끝내기 한다』는 것.

먼저 큰 끝내기, 마지막에 작은 끝내기로 들어간다 이 크기에 대한 판단은 수단이 남아 있느냐, 아니냐와 계산에 의하게 된다.

우선 끝내기의 종류부터 생각하자.

1. 공격을 내포한 끝내기
2. 적에게 결함을 주는 끝내기
3. 선수 끝내기
4. 역(逆) 끝내기
5. 후수 끝내기

반드시 위의 순서대로 끝내기하는 것은 아니지만 대체로 이런 순서가 된다.

부분적으로는 선수라도 전국적으로 보아 큰 끝내기가 있으면 비록 후수라도 먼저 두어야 하므로, 항상 크기에 대한 판단을 올바르게 할 줄 알아야 한다.

(1) 공격을 내포한 끝내기

중반 싸움은 물론이고 포석 단계에서도, 첫째로 『쌍방이 「눈」을 만드는데 영향을 주는 곳은 크다』는 점을 알아야 한다.

적이 「눈」을 만들지 못하게 파괴함으로써 계산할 수 없는 큰 이익이 생긴다.

「눈」이 완전히 확보되지 아니한 적의 말을 노리면서 다른 방면의 큰 끝내기의 곳을 두는 일도 있다.

1도 : 백 1은 실리를 취하면서 적을 「파호(두 눈을 짓지 못하게 집의 모양을 깨뜨림)」하는 수. 흑은 생사가 달렸으므로 다음 착수에 제약을 받게 된다.

1도

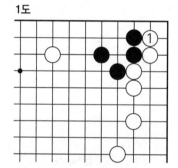

(2) 적에게 결함을 주는 끝내기

둘째, 『후수가 되어도 그 다음 상대의 돌에 결함을 주는 끝내기는 크다.』

2도 : 흑 1, 3 젖혀 이은 다음, 다시 흑 a로 「양붙임」하는 수를 노린 끝내기.

3도 : 백도 역시 1, 3으로 젖혀 이으면 백 a의 「양붙임 수」가 남는다.

2도

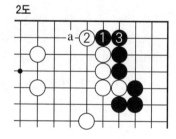

3도

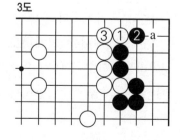

(3) 선수 끝내기

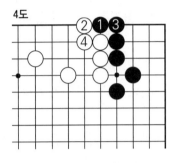

4도

선수 끝내기 중에서도「양선수」의 곳(어느쪽에서 끝내기해도 선수)은 크다.

상대가 끝내기하기 전에 내가 먼저 끝내기 해야 한다.

4도 : 흑 1의 젖힘은 선수 끝내기.

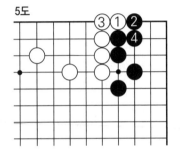

5도

5도 : 백도 1의 젖힘은 선수 끝내기.

이런 끝내기는 먼저 두어야 한다.

(4) 역(逆) 끝내기

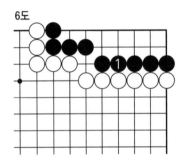

6도

「후수 끝내기」이지만, 상대가 먼저 두면 선수가 되는 곳을 「역 끝내기」라 한다. 같은 후수라도 큰 수이다.

6도 : 흑 1이 「역 끝내기」.

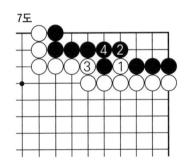

7도

7도 : 백에서는 언제라도 1, 3이라는「선수 끝내기」의 수단이 있는 곳을 미리 방지한 셈이다.

⑸ 후수 끝내기

끝내기의 마지막 단계는 쌍방이 모두 「후수 끝내기」를 두게
된다.
「후수 끝내기」의 단계에 이르면, 계산을 해서 큰 곳부터 두
면 된다.

8도 : 이처럼 흑 1해도 그 수에 백은 응수를 할 필요가 없
으므로, 흑의 「후수 끝내기」이다.

백에게 끝내기에서의 선수가
돌아간다.

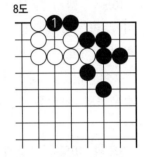

8도

이상에서 설명한 것처럼 끝내기는 선수가 되느냐의 여부,
수단의 유무와 전국적인 관점에서 보아 최대의 곳인가를 판단
할 필요가 있다.
다음에 간단히 계산법을 설명하자.

2. 끝내기의 계산법

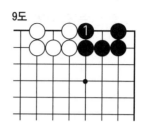

9도

끝내기의 크기를 계산할 때에는 주로 「출입계산」이라는 방법에 의한다.

(1) 출입계산

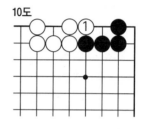

10도

9도 : 흑 1로 막는 수는 1집.

10도 : 백 1 역시 1집 끝내기. 흑이 두면 1집. 백이 두면, 1집이 될 흑집은 제로.

흑이 두었을 경우와 백이 두었을 경우와의 차이를 「출입(出入)」이라 한다.

9도와 **10도**는 1집의 차이가 있는 셈이다.

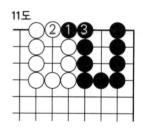

11도

11도 : 흑 1, 3은 2집 끝내기.

12도 : 백 1, 3도 2집 끝내기.

11도와 **12도**를 비교하면,

11도는 흑 3집, 백은 2집.

12도는 흑 2집, 백 3집.

11도는 흑이 1집 많고,

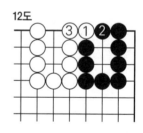

12도

12도는 백이 1집 많으므로, 2집 차이, 즉 「2집 끝내기」

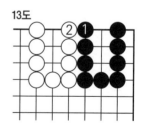

13도

13도 집을 목산(目算)할 경우는 11도와 12도를 평등한 권리라고 본다.

(2) 반패

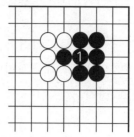

14도

14도 : 흑 1로 잇는 수를 「반패」라고 한다. 이것은 1집보다 작으므로 끝내기의 최종단계에 둔다.

「반패」라고 하지만 엄밀한 뜻에서 1/2집은 아니다.

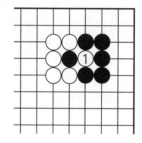

15도

15도 : 백 1로 「패」를 때리고 「패」에 이겨서

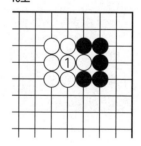

16도

16도 : 백 1로 이으면 1집이 된다. 즉, 14도에서 16도까지의 세 그림을 비교해서 출입계산을 해야 한다.

흑 한 점을 따내기 위해 세 수를 소비했으므로 1/3집이다.

끝내기의 계산도 모양이 복잡해지고 선수, 후수의 문제가 있으면 어려워지지만, 이상에서 설명한 것이 끝내기 계산의 기초가 된다.

3. 끝내기의 수단과 「맥」

끝내기에는 여러가지 수단과 「맥」이 있는데, 대표적인 형을 살펴보기로 하자.

(1) 제1선의 젖혀이음

17도 : 흑 1, 3은 「젖혀 이음」이라 해서, 실전에 반드시 나타난다.

그림은 선수의 「젖혀 이음」. 백 4로 잇는 수가 필요한가의 여부는 확인되지 않으면 안된다.

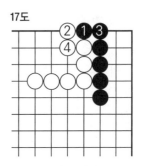

18도 : 백이 손을 빼면 흑 1로 끊긴다.

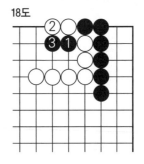

19도 : 흑 1 젖히면 백 2로 한 번 후퇴하지 않으면 안된다. 백 6까지 흑이 선수이다.

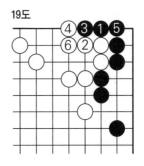

20도 : 백 1로 막으면, 이 경우는 당장 흑 2로 끊긴다.

백 3 따내면 흑 4로 단수, 백이 당한다.

「젖혀 이음」에도 여러가지 모양이 있는 것이다.

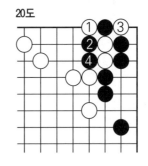

(2) 제2선의 젖혀이음

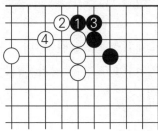

21도 : 제2선에서 젖혀 잇는 수도 있다.

이것은 제1선보다 먼저 두어야 한다. 흑 1, 3이 그것이다.

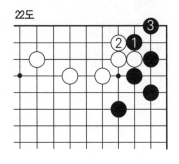

22도 : 고목정석의 하나. 흑 1 젖혀 백 2일때 흑 3의 호구도 큰 끝내기

(3) 마늘모(입구자)의 끝내기

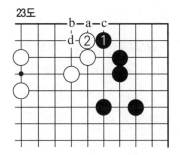

23도 : 백 2로 응수해 오면 선수의 큰 끝내기가 된다. 계속해서 흑 a, 백 b, 흑 c, 백 d의 선수「젖혀 이음」이 있다.

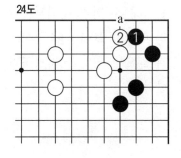

24도 : 흑 1의 「마늘모(입구자)」흔히 쓰는 모양. 역시 다음에 흑 a로 젖히는 큰 끝내기가 남는다.

(4) 제1선의 날일자 · 눈목자

제1선에 「날일자」나 「눈목자」하여 적진을 삭감시키는 수법.

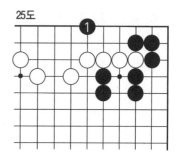
25도

25도 : 흑 1의 「눈목자」이다. 상당히 떨어져 있지만 충분히 연락이 되고 있는 형이다.

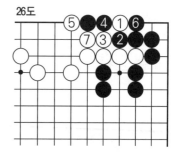
26도

26도 : 이 흑의 진출을 저지하려면 백 1로 치중, 이를 희생타로 삼고, 이하 5로 단수한다.

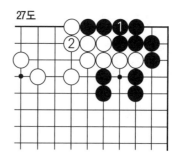
27도

27도 : 흑 1로 잇고 백 2까지, 흑이 선수로 끝내기했다.

28도 : 흑 1은 「날일자」.

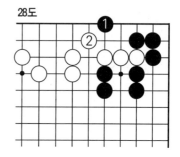
28도

제 1선에 날일자나 눈목자로 침입해 온 적에 대해서는 주위의 배치를 보아 신중히 응수하지 않으면 침입을 저지하지 못한다.

제 7 장 사활의 기본상식

돌은 「눈」이 두 개라야 산다.

원리는 이렇게 간단하지만 바둑은 이 삶과 죽음, 즉 「사활(死活)」을 건 싸움이므로 초반부터 중반까지 복잡한 모양으로 나타나기 마련이다.

여기서는 퇴로가 막힌 돌이 그 부분에서만 사느냐 죽느냐, 아니면 패가 되는가의 기본적인 상식, 모양 등을 살펴보기로 하자.

1. 사는 모양

그 상태 그대로 살아있는 돌, 즉 「사는 모양」이란, 하나로 연결된 돌이 「눈」을 만들기 위한 빈 공간을 2개 이상 가지고 있다는 말이 된다. 즉, 상대가 한 군데를 메우면 다른 한 군데를 둘 수 있다.

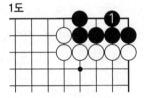

1도 : 3집일 때는 흑 1하면 최소한의 삶. 이것이 기본이다.

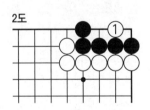

2도 : 백이 먼저 1하면 흑은 죽는다.

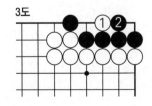

3도 : 넉 집이면 무조건 산다. 백 1이면 흑 2. 또 백 2면 흑 1. 아무래도 「눈」 2개를 확보하게 된다.

2. 6사 8생

제2선에서 살려면 몇 번 기어야 하는가라는 문제. 여섯번 기면 죽고 여덟 번 기면 산다는 뜻이다.

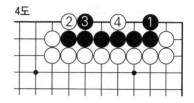

4도 : 여섯 점이면 흑이 둘 차례라도 백 4까지, 흑이 죽는다.

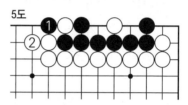

5도 : 흑 1로 따내도 그곳은 「옥집」이다.

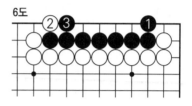

6도 : 일곱 점의 경우. 흑이 먼저 두면 산다.

7도 : 일곱 점의 경우. 백의 차례라면 1, 3으로 양쪽을 젖혀 죽는다. 만약 흑 2로 막는 대신

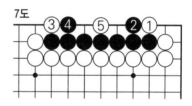

8도 : 흑 2로 응수하면 백 3하여 역시 흑은 죽는다.

백 5 다음 흑 a로 백 두점을 따내도 백 1로 먹여쳐 「옥집」.

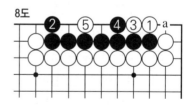

9도 : 여덟 점이라면 백이 먼저 두어도 흑은 산다.

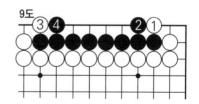

3. 치중수

적진 속의 급소에 두어 「파호」하는 수를 「치중수」라 한다.
먼저 3집의 경우부터 살펴보자.

10도 : 흑 1하여 살지만,

11도 : 백 1이 「3집 치중수」. 흑이 죽는다.

이번은 4집의 경우.
12도 : 이 상태대로 죽음. 흑이 어디를 두어도 살지 못한다.

13도 : 백 1의 「4집 치중수」로 흑 죽음.

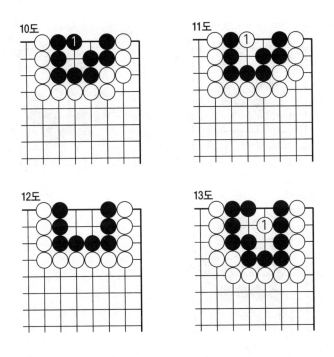

14도 · 15도 : 이렇게 꼬부라진 형은 백 a라면 흑 b, 백 b라면 흑 a하여 산다.

「5집 치중수」의 모양은 두 가지가 있다.
16 · 17도 : 이것은 백 1로 중심에 두면 흑은 죽는다.

18도 : 6집이어서 넓지만, 모양이 나빠서 백 1로 죽는다.

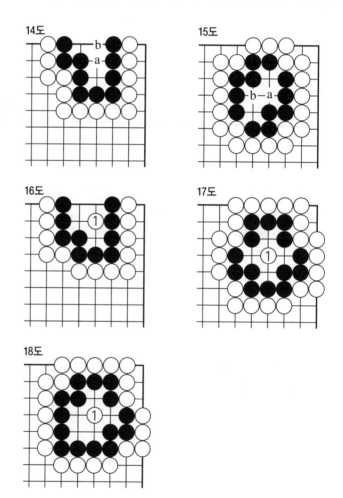

4. 「궁도」를 넓힌다

「6사8생」에서 설명한 것처럼 돌은 집이 넓은 편이(이를 「사활」의 입장에서는 「궁도」가 넓다고 함) 살기 용이하다.

따라서 적을 잡으려고 할 때는 먼저 적의 「궁도」를 좁히는 수단을 고려해야 한다.

19도 : 귀에서만 「눈」을 만들 여지가 없다. 흑 1, 3하여 「궁도」를 최대로 넓히는 것이 사는 수단. 계속해서 백 a라면 흑 b.

20도 : 흑 3으로 잇는 것은 「궁도」가 좁아 백 4의 급소 치중에 의해 죽는다. 흑 a라면 백 b.

21도 : 어려운 문제이지만, 흑 1로 「궁도」를 넓혀야 산다.

22도 : 이것은 흑 1로 꽉 잇는 것은 백 2로 젖혀 「궁도」를 좁힌다.

백 4 다음 6으로 먹여치면 최후에는 백 8의 「3집 치중수」.

흑 1로 8에 호구하면 백 2, 흑 3으로 「패」가 되므로 흑이 실패.

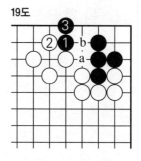

19도

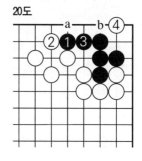

20도

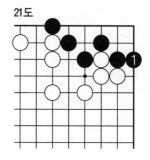

21도

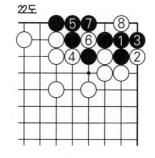

22도

5. 「눈」의 급소

「궁도」를 넓히는 수 다음에 생각할 것은 「눈」을 만드는 급소이다.

23도 : 흑 1이 급소. 백 a면 흑 b로 응수하여 「두 눈」.

24도 : 만약 흑 1로 「궁도」를 넓히면 당장 백 2 먹여치고 4로 막아 「패」가 된다.

25도 : 급소는 흑 1. 이로써 완전한 삶. 백 a에는 흑 b, 백 c, 흑 d하면 그만이다.

26도 : 흑 1로 「궁도」를 넓히는 것은 백 2 젖히고 4의 치중이 상투수법.

흑 5일 때 백 6으로 먹여치면 흑 a로는 잇지 못한다. 하는 수 없이 흑 b 따내면 백 a로 단수, 흑은 「옥집」이므로 죽는다.

「사활」에서는 급소가 어디인가를 밝히는 일이 중요하다.

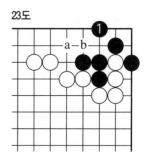

24도

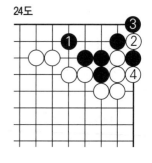

25도

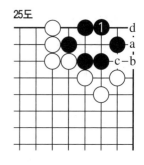

26도

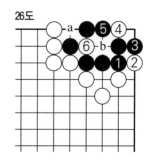

6. 흔히 생기는 모양

실전에 흔히 생기는 모양을 몇 가지 살펴보자.

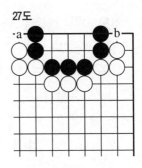

27도

27도 : 「빗형」이라는 것. 이 상태대로 삶이다. 단, a, b의 「공배」가 비어 있어야 한다.

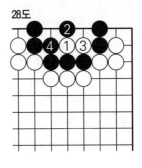

28도

28도 : 백 1이 『석 점의 중앙』이라는 「맥」. 공격할 때의 상투수법.
흑의 응수 역시 『석 점의 중앙』인 흑 2. 백 3이면 흑 4, 또 백 3으로 4 하면 흑 3하여 산다.

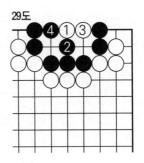

29도

29도 : 백 1로 제1선에 「치중」하는 것도 급소이지만 역시 흑 2로 중앙에 응수, 백 3이면 흑 4, 백 4면 흑 3으로 삶.

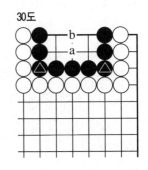

30도

30도 : ●의 두 점이 있어 직사각형의 모양. 「판육(板六)」이라 한다. 이것은 주위의 공배가 전부 막혀도 산다.
백 a라면 흑 b, 백 b라면 흑 a. 「빗형」과 같은 원리이다.

31도 : 「빗형」과 비슷하지만 귀의 모양이 다르다.

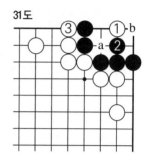

『「2―」에 묘수 있다』는 격언대로 백 1의 「치중」이 급소. 흑 2로 응수 했을 때 백 3으로 「공배」를 메운다.

「환격」을 방지해서 흑 a로 이으면 백 b로 죽게 되므로

32도 : 흑 1로 먹여쳐 백 2로 「패」.

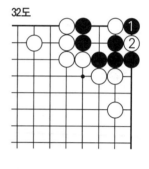

이 위치에 생기는 「패」는 〈사활문제〉(흔히 묘수풀이라고 하는 것)에서만 아니라, 실전에도 흔히 생긴다.

33도 : 비슷한 모양은 여러 가지가 있다. 이 모양에서는 흑 1이 급소.

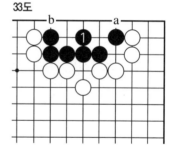

만약 사는 수의 첫째 수단인 「궁도」를 넓힌다는 점에만 집착해서 흑 1 대신 흑 a하면 백 b, 흑 b하면 백 a하여 「5집 치중수」의 모양으로 유인한다.

34도 : 백 1에는 흑 2이하 흑 6까지 「빅」이 된다. 6의 곳의 「공배」가 비어 있다는 점에 주의할 것.

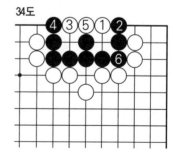

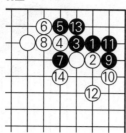

35도

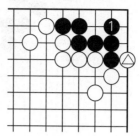

36도

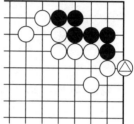

37도

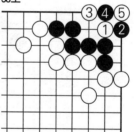

38도

35도 : 흑 1로 「3三」에 침입하는 정석. 흑 13으로 꽉 이어 「귀살이」인데, 귀에서는 이것과 비슷한 모양이 여러가지 생긴다.

36도 : △의 젖힘수가 더해진 형이다. 이것은 흑 1로 지키지 않으면 죽는다.

37도 : △로 내려선 경우는? 이것도 흑은 「손을 뺄」수 없다.

38도 : 백 1이 급소. 흑 2의 젖힘에 백 3이 성립해서 백 5의 「패」. 만약 흑 4하는 대신

39도 : 흑 1로 단수하면 백 2로 잇는다. △가 있으므로 백 4일 때 흑 a로 단수하지 못하므로, 죽는다.

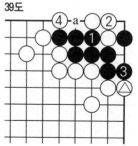

39도

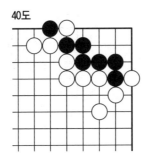

40도

41도

40도 : 비슷한 형이다. 흑의 차례
라면 산다.

41도 : 흑 1이 급소. 흑 a하면 안
된다.

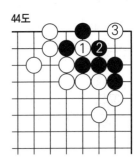

42도

42도 : 백 1의 「치중」에는 흑 2로
내려서면 그만이다. ⚫가 있으므로
백은 a로 잇지 못한다.

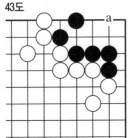

43도

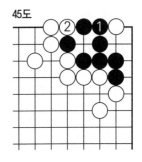

44도

45도

43도 : 흑은 a의 곳을 지키지 않으
면 안된다. 「손을 빼면」

44도 : 백 1로 먹여치고 3으로 치
중하여 흑 죽음.

45도 : 흑 1이면 백 2로 「파호」.
또 흑 2라면 백 1이다.

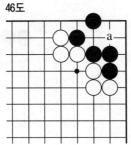

46도

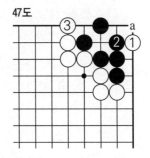

47도

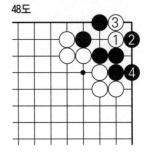

48도

46도 : 흑 a로 지키지 않으면 죽는다.

47도 : 백 1이 「맥」. 백 3 내려선 다음 흑 a로 「패」가 된다.

48도 : 이렇게 백 1하면 흑 2, 4로 살아버린다.

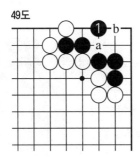

49도

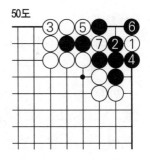

50도

49도 : 흑 1하여 산다. 흑 a로 꽉 잇는 것은 백 b로 죽는다.

50도 : 백 1이 상투수법의 「맥」인데 흑 2, 4하면 그만이다. 백 7로 따내게 하고서

51도 : 흑 1로 되따내서 「두 눈」을 확보한다.

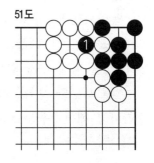

51도

7. 후절수(後切手)

「사활」에 나타나는 「맥」중에 「후절수」라는 것이 있다.

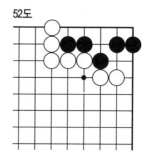

52도

52도 : 흑의 차례에서 살 수 있을까? 「궁도」가 좁으므로 살기 힘들 것 같지만

53도 : 흑 1로 「궁도」를 넓혔을 때 백 2의 「치중」이 급소이고 흑 3으로 받는 한 수(흑 4라면 백 3으로 흑 죽음).

백 4가 흑을 「옥집」으로 유인하는 「맥」. 흑 5하여 백 두 점을 따낸다. 계속해서

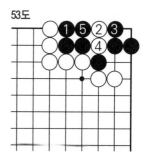

53도

54도 : 백 1이 역시 「파호」(「옥집」으로 유인)하는 「맥」.

이때 흑 2 잇는 것이 묘수. 만약 흑 2로 3하여 한 점을 따내면 백 2하여, 흑은 1의 곳이 「옥집」이 되어 죽음.

백 3으로 넉 점을 따내게 한 다음

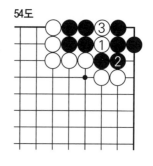

54도

55도 : 흑 1로 끊는다. 그러면 백 두 점을 따낼 수가 있으므로 「두 눈」을 내고 산다. 따낸 자리를 다시 끊는다고 해서 「후절수(後切手)」──통쾌한 「맥」이다.

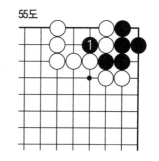

55도

제 8 장 알기 쉬운 기본 실전

　이제까지 초보자가 바둑을 둘 수 있기까지 필요한 초보적인 지식—바둑의 규정, 초반의 상식, 중반 전투 방법, 종반 끝내기와 기본 사활—을 공부해 왔다.
　이 책을 읽은 독자 여러분은 이제 바둑이란 어떤 것인가를 그 간단한 윤곽만은 이해되었으리라고 생각한다.
　한 판의 대국은 초반, 중반, 종반의 3단계로 나눌 수가 있다.

　독자 여러분이 이 책을 통해 이해한 각 단계의 기초적 지식이 실지 대국에서는 어떻게 운영되고 어떻게 두어지는가?
　부분적으로 이해한 지식이 전체적으로 어떻게 유기적으로 운영되는지를 실감하게 될 것이다.
　바둑을 시작했을 무렵에는 몇 점이고 돌(치석)을 붙여서 「접바둑」으로 두는 경우가 많으므로 「접바둑」에 중점을 두었는데 「맞바둑」도 한 판만 소개하였다.
　실전 진행이나 참고도의 설명이 어려울지라도 바둑판을 앞에 하고 직접 늘어놓아보면서 (이를 「복기(復棋)」라고 함) 책을 읽어나가기로 하자.
　바둑은 우선 손과 눈으로 이해하는 일이 무엇보다 중요하다.

1. 9점 접바둑

〈제1보〉(1-8)

아홉 점 접바둑이다.

백 1, 3의 「걸침」에 대해 흑은 2, 4의 한 칸으로 뛰는 것이 흔한 수법인데, 견고해서 좋은 응수법이다.

흑 6, 8은 적극적인 방법인데, 이 흑 6으로는—

1도 : 이렇게 흑 1하는 것도 있다.

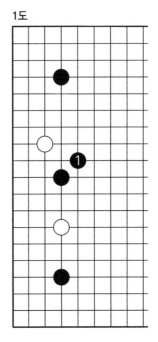

제1보

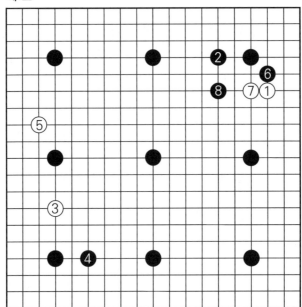

<제2보>(9-19)

흑 2 젖히고 흑 4로 급소에 일격을 가하는 것은 공격할 때
의「맥」.

백은 모양이 파괴되어 5, 7로 연락을 꾀하지 않으면 안된
다.

흑 8로 뛰어 아주 좋은 진행이다.

제2보

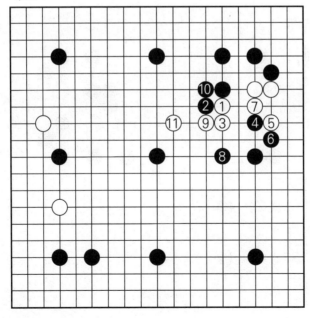

<제3보>(20-25)

흑 1로 확실하게 연락해 두는 것은 좋은 수이다. 백 2의 한 칸 뛰기를 기다려서 3으로 두 칸에 뛰어, △를 압박하면서 하변을 확대시켜 흑은 『순풍에 돛단 격』이다. 흑 5는 견고한 수. 이 수로는

2도 : 흑 1, 3, 5로 공격하는 것도 좋은 수법이다.

2도

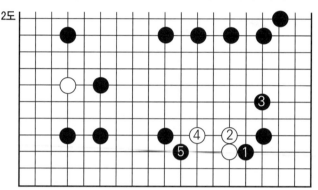

제3보

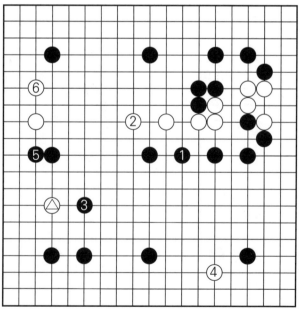

<제4보>(26-40)

초반전에 끝나서 중반전에 돌입하였다. 흑 1로 들여다본 수에 대해 백은 2, 4로「쌍립」했다.

여기서 흑 5가 균형을 취한 좋은 수.

백 6을「양걸침」이라고 한다. ▲의 한 점을 위협하는 수인데, 흑은 7로 붙이고 이하 15까지 밀어, 이 경우 적절한 수단이다. 우변이「대세력권」으로 확대되었기 때문이다.

흑 13으로,

3도 : 흑 1이 상식적인 정석.

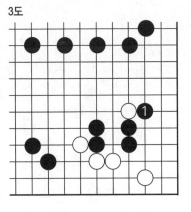

3도

제4보

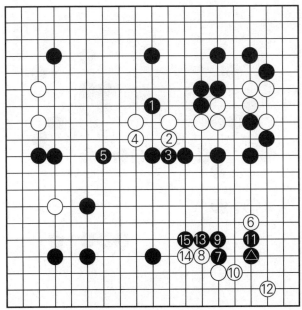

<제5보>(41-50)

백 1의 「양걸침」에 흑 2의 「마늘모」부터 4로 들여다보는 것이 날카롭다. 흑 10까지 쾌조의 기세로 마무리지어, 흑은 크게 우세한 가운데 중반 싸움의 주도권을 잡았다. 흑 10 다음

4도 : 백 1, 3의 「맞끊음」에는 흑 4, 6으로 수습해서 알기 쉬울 것이다.

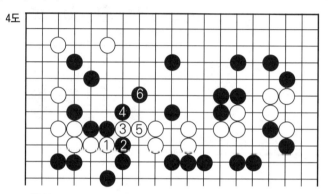

4도

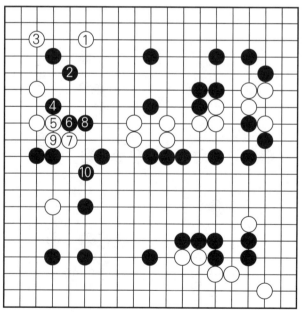

제5보

2. 8점 접바둑

흔히 아마츄어들은 「접바둑」의 필승법이 없느냐는 질문을 한다. 그러나 유감스럽게도 특별히 이렇다 할 필승 비결은 없다.

단 한 가지—물론 필승법이라고는 할 수 없지만—명심해야 할 중요한 사실이 있다.

그것은 실패를 두려워하지 말라는 점이다.

초급의 단계에서는 조금만 실력이 위인 사람과 대국하게 되면 「대마(大馬)」가 잡히지 않을까, 이 「패싸움」에서 큰 손해는 보지 않을까 등등 하나에서 열까지가 자신이 없다 보니 완전히 위축이 되어 강력하게 싸우지 못하고 몸조심에만 급급하게 된다.

실패는 성공의 어머니이다. 실패를 두려워 말고 힘껏 두어야 한다. 물론 초급의 단계이므로 창피스러운 대실수를 저지를 수도 있다. 그러나 그러한 실패가 여러분의 실력을 향상시켜 주는 것이다.

〈제1보〉(1-20)

백 1, 3의 걸침에 대해 흑 2의 한 칸 뛰기, 흑 4의 두 칸 뛰기로 응수하고 있어 나쁘지 않다. 극히 상식적인 응수.

백 5의 날일자 걸침에 흑 6, 8의 「붙여 뻗는 정석」은 모양이 결정되므로 알기 쉽게 된다.

백 11 밀었을 때 흑 12로 뻗는 대신 A로 구축하는 것이 상식적이지만, 여덟 점 바둑에서는 흑 16, 18로 젖혀 뻗은 모양이 스케일이 크므로 이 경우는 좋은 수가 된다. 백 13의 침입에 흑 14의 「눈목자」도 건실하지만, 이 수로는—

1도 : 흑 1로 붙이고 3으로 뛰는 것도 있다. 우변 백 두 점을 공격하면서 장차 기회를 보아서 흑 a로 귀를 지킴과 동시에 △의 한 점을 공격하는 유력한 노림수가 남는다.

백 19로「모자」를 씌웠을 때 흑 20은 경쾌한 묘수. 경우에 따라서는 흑 ●의 한 점은 버려도 좋다는 태도이다.

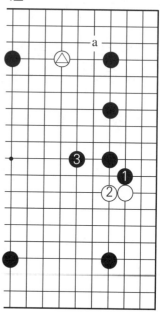

1도

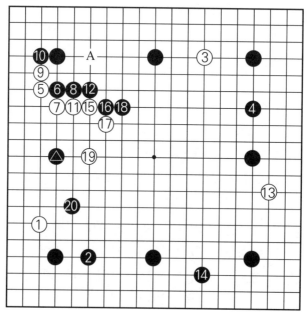

제1보

\<제2보\>(21-37)

초급의 단계에서는 백 1, 3이라는 「패」수단을 극히 두려워하겠지만 흑 4가 올바르며 강수(强手)이다.

백 7, 9로 「패」를 썼을 때 『초반에 「패」가 없다』는 격언대로

2도 : 흑 1로 「패」를 따내버리는 것이 알기 쉽다. 백 2라면 흑 3의 「날일자」로 지키는 요령이다. 백 17 다음 백 A의 끊는 수와 백 1의 「패」가 남아 어지러운 싸움이 되었다.

2도

제2보

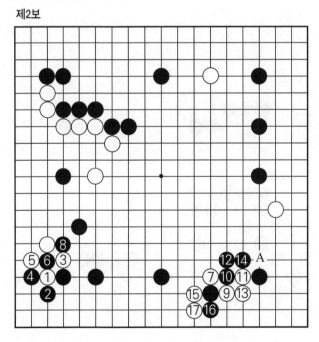

<제3보>(38-62)

백 4로「패」를 때리고 이하 백 8의 한 칸 뛰기까지, 백은 거의 수습이 된 모양인데, 흑 9의 붙임수가「속수(俗手)」여서 좋지 않았다.

3도 : 흑 1의「마늘모(입구자)」로 연락해 두면 백은 하는 수 없이 2의 날일자로 지켜야 하며, 그러면 흑 3의「마늘모」로 백「대마」를 양단시키게 된다.

백 12로 넘어가버리면, 위, 아래의 백 대마가 안정되고 말아 흑은 백을 공격할 즐거움이 사라져 버린다.

3도

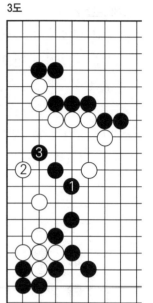

제3보

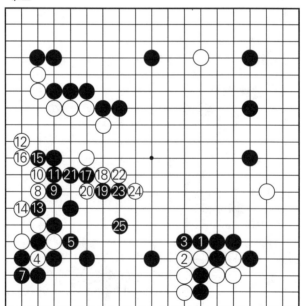

백 1로 흑이 가장 싫어하는 곳을 침입해 왔다. 흑은 2, 4로 차단하는 것이 올바른 전법. 흑은 『순풍에 돛단 격』이다.

백 5의 눈목자에 흑 6으로 붙이는 것이 모양이지만, 흑 8로 막는 수는—

4도 : 흑 3 젖히고 5로 막는 것이 수순이다. 이렇게 백 6으로 조그맣게 살도록 강요하는 것이 올바르다.

흑 8로 막았기 때문에 오히려 백 9 단수하고 백 11로 뚫는 수를 유발시킨 셈이 되었다. 그러나 아직도 흑이 우세하다.

4도

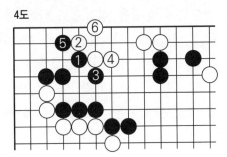

제4보

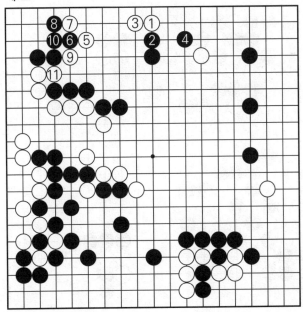

<제5보>(74-90)

　앞 페이지에서 백에게 돌파당한 이상, 흑은 ●의 다섯 점을 움직여 나갈 수 없으므로, 차라리 버리는 것이 냉정한 방법이다. 실패를 깨달았을 때는 일찍 체념할 줄 아는 것도 중요하다. 억지로 헤어나려고 몸부림칠수록 주위의 적만 견고하게 만들어 준다.

　그런 뜻에서는, ●의 다섯 점을 버리고서 흑 1 끊고 3으로 단수하여 상변을 흑집으로 만든 것은 나쁘지 않다. 백도 4, 6, 8, 10으로 「사석(捨石)」을 충분히 활용하여 중앙을 두텁게 두었다. 백 16까지, 중앙은 백의 세력으로 변하고 있다.

　흑도 15, 17로 내 갈 길을 간다. 첫 수에서 90수까지 분석해 보았는데 흑은 자기의 바둑을 두어 조금도 동요되지 않고 있다. 이처럼 실패를 두려워 말고 마음껏 두는 것이 좋다.

제5보

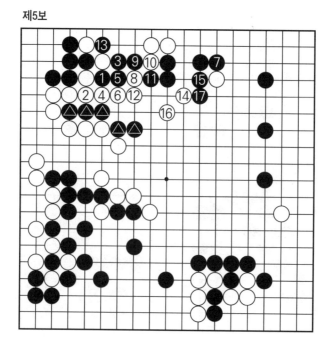

3. 7점 접바둑

<제1보>(1-23)

흑 1 이하 흑 6의 벌림까지, 「접바둑」의 모범적인 수단이어서 비난받을 곳이 전혀 없다.

백 7의 「모자」에 흑 8의 응수. 백 9에 흑 10, 12, 백 13에 흑 14의 두 점으로 늘어섰다. 어느 곳 하나 빈 틈 없어 백이 들어올 여지가 없다. 백 15의 붙임수에 흑 16, 18은 백 23까지 좋은 모양의 수습을 허용하므로

1도 : 흑 5까지 좌우의 백을 공격하는 것이 알기 쉽다.

1도

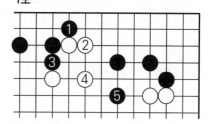

제1보

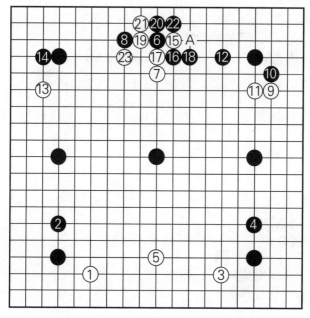

흑 1은 모양이다. 시기를 보아 흑 A로 막는 수가 있다. 흑 A로 막는 대신 흑 B는 무겁다. 흑 3. 이렇게 변의 화점에서 가장자리쪽으로 내려서는 수를 「철주(鐵柱)」 또는 「말뚝」이라 부르는데 침착한 공격이어서 흑은 쾌조의 기세다.

백 4의 「3三 침입」에 흑 5 이하는 올바른 정석 선택이었다.

흑 11로 견고하게 지켜서 다음에 C의 침입수를 노림.

2도 : 흑 1 이하 7까지도 정석의 하나이지만, 이 경우는 좋지 않다. 백 a로 들여다보거나 백 b히여 넘지는 수가 남기 때문이다.

제2도

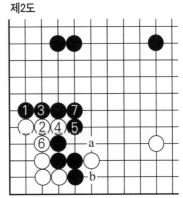

제2보

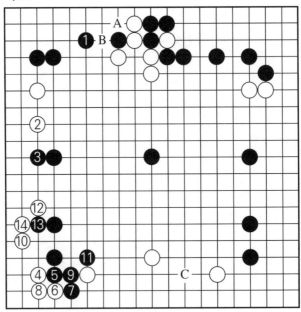

\<제3보\>(38-49)

어려운 것인지 모르지만, 흑 1로는—

3도 : 먼저 흑 1로 들여다보는 것이 공격의 급소이다. 흑 5
까지 위쪽으로 향한 세력을 쌓은 후 7로 상변 백의 근거를 박
탈, 백을 분단시킨 후 공격하는 것이 올바르다. 공격 방법을
잘못했기 때문에 백 12까지, 백은 상변과 좌변이 「대마」로 커
지면서 거뜬히 살아버렸다.

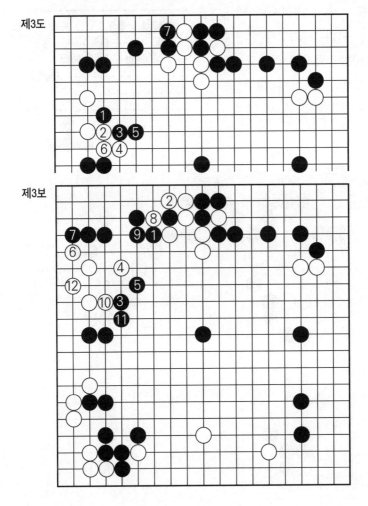

제3도

제3보

이 시점에 이르기까지 흑은 몇 수의 「완착」을 두었지만 「치석」 일곱 점의 위력은 아직도 살아 있다. 흑 1로 한 칸에 압박하는 것이 날카로운 공격이고, 이하 흑 9까지 흑집을 굳힌 후, 흑 11의 너무나 좋은 곳에 손을 돌려 흑은 여전히 쾌조의 기세. 백 16에는 흑 17, 19가 올바른 응수. 귀의 실리를 소중하게 지킬 곳이다. 흑 17로—

4도 : 흑 1 내려서면 백 8까지 귀가 파괴당해, 비록 바깥쪽이 두터워졌다고 해도 우변 백 7점에 대한 공격은 별로 기대할 수 없다.

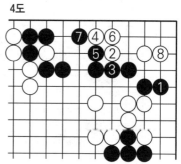

4도

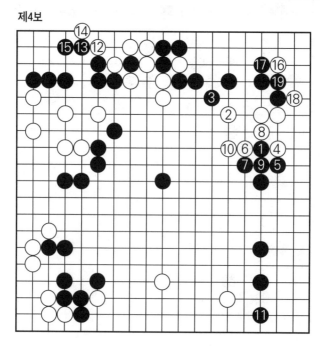

제4보

<제5보>(69-83)

백 1은 「접바둑」의 흑이 아주 싫어하는 침입. 그러나 흑은 보통이라면 「악수」라고 낙인이 찍히는 2, 4의 「양붙임」으로 수습, 실전적으로 응수하였다.

흑 2로는—

5도 : 흑 1의 「마늘모」가 모양이지만, 이 경우는 백 6 다음에 백 a, 흑 b, 백 c의 삶과 백 d의 봉쇄를 「맞보기」로 삼는 수단이 있으므로 흑은 산산조각이 나고 만다.

5도

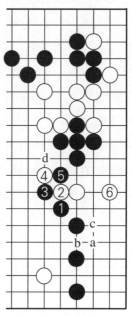

제5보

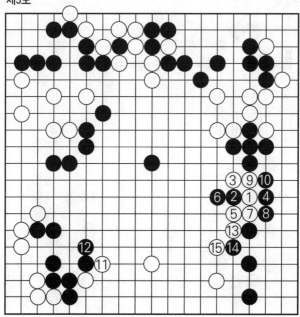

<제6보>(84-103)

흑 1은 백의 「공배」를 메우는 날카로운 「맥」.

흑 7은 의문수. 중대한 싸움터에서 이탈한 수이기 때문이다. 여기가 중반 전투의 승패를 결정짓는 곳이므로 흑 7과 같은 엉뚱한 곳을 두지 말고,

6도 : 흑 1, 3으로 움직이는 것이 올바르다. 흑 a, 백 b, 흑 c를 방지하기 위해서 백 4를 생략할 수 없고, 그러면 흑 5로 꼬부려서 승승장구의 기세. 백 10 이하 18까지에 대해 흑은 11 이하 19까지 일일이 들어 주어야(응수해야)하므로 백 20의 책동을 허용하여 어지러운 싸움에 이르렀다.

5도

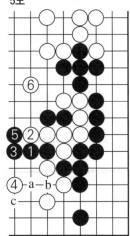

제5보

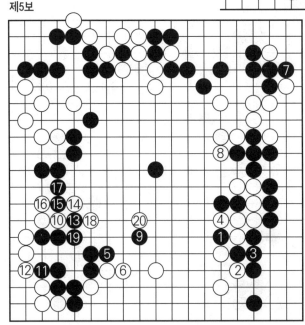

4. 5점 접바둑

아홉 점, 여덟 점, 일곱 점…. 이렇게 「치석」의 숫자가 점점 적어졌는데 반드시 실제로 판 위에 「복기」해 보기 바란다.

바둑이란 이런 식으로 두는 것이구나 하고 감각적으로라도 느낄 수만 있다면 그것으로 충분하다.

이렇게 말하는 이유는, 바둑이란 흥미있는 게임인데, 그 내용은 깊이 파고 들어가면 한없이 깊기 때문이다.

역시 실력 향상의 왕도는 끈기있게 주어진 길을 따라 가는 수밖에 없다.

거듭 강조하거니와 판 위에 실제로 「복기」하기 바란다. 한 번 「복기」해서 이해가 되지 않으면 재차 「복기」해 보자.

⟨제1보⟩(1-13)

백 1, 3, 5의 걸침에 흑 2, 4, 6으로 평범하게 응수해서 훌륭한 구축이 되었다.

백 7에 흑 8의 「협공」은 날카로운 반격이지만 다음과 같이—

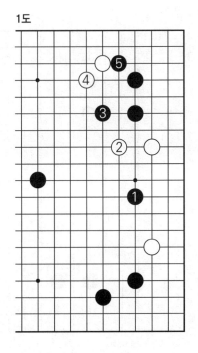

1도

1도 : 흑 1로 「협공」하는 것도 있다. 백 2라면 흑 3, 5로 공격하는 기세를 얻을 수 있다.

흑 8의 「협공」에 대해 백 5의 한 점을 직접 움직여 나가는 것은 불리하다고 보아 백 9, 11로 방향을 바꾸어서 싸움.

이처럼 백은 이곳저곳에 돌을 배치했다가 움직여나갈 기회를 노리고 있다. 여기서 흑 12는 백 13의 붙임수가 있으므로 「완착」.

흑 12로는——

2도 : 흑 1하여 백 2와 교환한 다음에 흑 3으로 뛰는 것이 좋은 수순. 백 4로 도망치면 그때 5, 7로 백에게 「기대어서」 공격하는 요령.

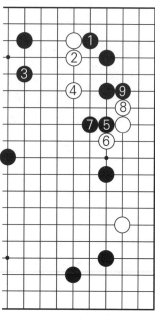

2도

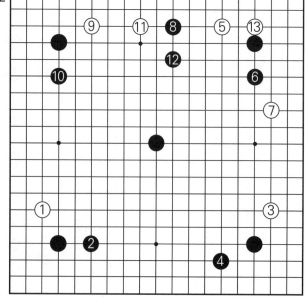

제1보

<제2보>(13-33)

백 1, 3을 「2단 젖힘」이라 하는데 수습할 때의 「맥」이다.

흑 4 단수하고 이하 백 20까지는 다른 길로 빠질 수는 없는 외곬수순. 여기서 선수를 잡은 백은 21로 전환해서 흑의 공격을 받지 않기 위해 자기 진을 지킨다. 그런데 흑 4로는 다음과 같은 수단도 있다. 즉,

3도 : 흑 1의 2단으로 젖히는 정석도 있다. 백은 삶을 위한 「눈」이 아직 불분명하므로 6, 8로 탈출.

흑은 7, 9로 공격. 참고로 알아두자.

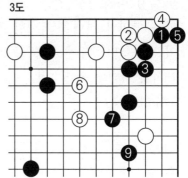

3도

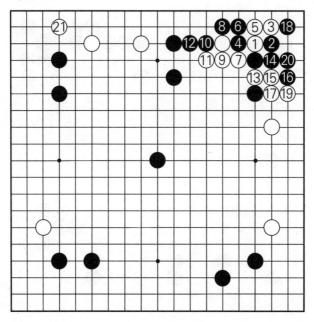

제2보

백 ◎에 대해 흑은 손을 빼고 좌변 「화점밑」을 1로 두어 「협공」에 나선 것은 좋은 감각이다.

백 4, 6으로 좌변이 수습되었으므로, 흑 7은 하변의 진지를 강화하고 백 A의 침입을 방지한 「일석이조(一石二鳥)」이다.

흑 9 이하 15까지는 실전적 인 수단이며 하변을 확대한 것 이 적절했다. 다시 흑 17로 계 속적인 하변의 확대작전.

흑 21로는——

4도 : 흑 1 이하 5의 「패싸 움」도 「강수(强手)」이다.

4도

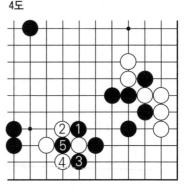

제3보

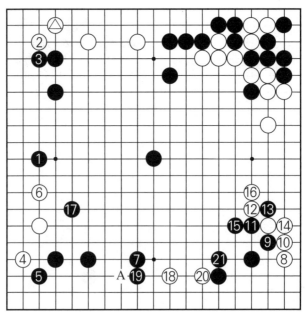

<제4보>(55-76)

흑 6 막는 수는 백의 근거를 박탈해서 공격하고 있으므로 「이 한 수」라고 보겠지만, 이 경우는 ⬣가 있으므로 최선의 수가 못되고 차선의 수라 하겠다.

최선의 날카로운 공격수는

5도 : 흑 1로 들여다보는 수이다. 흑 5까지 백의 근거를 송두리째 빼앗아 공격할 수 있고, 이렇게 했더라면 여기서 판가름이 나고 말았을 것이다. 그러나 흑 22까지는 전체적으로 두터워, 아직도 흑의 우세가 계속되고 있다.

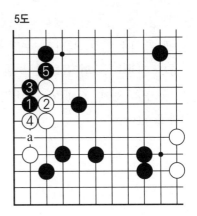

5도

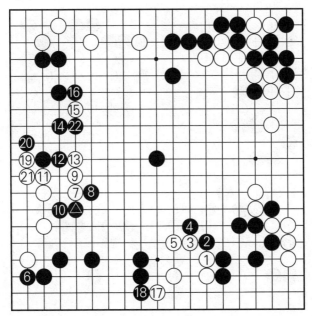

제4보

<제5보>(77-98)

백 1, 3의 「2단 젖힘」은 수습의 상투수법.

백 9로 패를 때렸을 때 흑 10으로 단수한 것이 나빠 백 11
의 「패때림」을 당했다.

점점 백이 바짝 뒤를 쫓아와 차이가 좁혀졌지만, 흑이 전체
적으로 두텁고 집으로도 리드하고 있다.

백은 13 이하 21까지 우변을 에워싸기 시작했다. 백 21로
중반 전투는 거의 끝나고 종반에 접어들었다.

흑 22. 현재 최대의 「끝내기」로 손을 돌려 흑이 약간 리드
하고 있다.

제5보

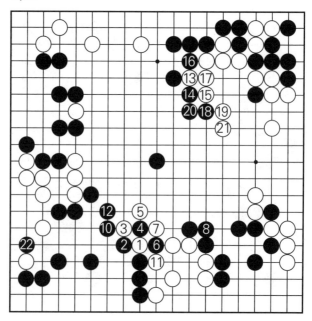

5. 맞바둑

「선」이란 흑을 쥐고 두는 것.

「선상선(선호선)」이란 세 판 대국에서 두 판은 흑, 한 판은 백을 쥐고 두는 「치수」.

〈제1보〉(1-12)

〈포석의 상식〉에서도 설명한 것처럼, 먼저 빈귀에 선착. 흑 1로 소목에 두었다.

백 2, 흑 3, 백 4. 흑백이 번갈아가며 네 귀에 선착했다. 빈 귀에서의 한 수의 가치가 가장 크기 때문이다.

빈 귀 다음으로 큰 것이 흑 5의 「굳힘」이나 백 6, 흑 7의 「걸침」이다.

백 6의 걸침은 흑 6의 굳힘을 방지하고 있다. 굳힘과 걸침 은 거의 비슷한 가치가 있다.

다시 한번 포석의 순서를 정리해보면 첫째 빈귀에 선착, 둘째 귀의 굳힘이나 걸침이다.

백 10은 정석의 하나인데, 또—

1도 : 백 1, 3의 응수도 정석이다. 흑은 4로 「마늘모」하여 다음에 a, b, c 등의 좋은 곳을 본다.

1도

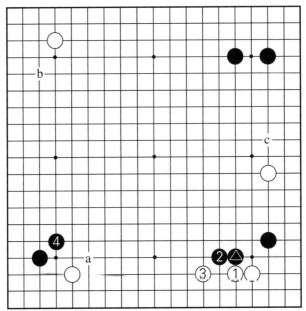

제1보

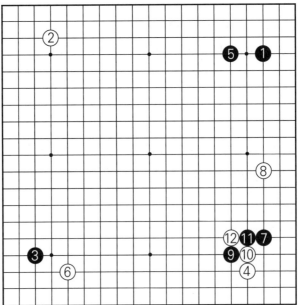

\<제2보\>(13-28)

흑 1, 백 2로 서로 뻗어 전투 개시. 백 8의 날일자부터 백 16의 「단수」까지는 한 수, 한 수가 어려운 절충인데 기백으로라도 쌍방이 물러설 수 없다. 백 8로는

2도 : 백 1로 기고 이하 흑 12까지는 정석의 하나인데, 호각(互角)의 갈림이다.

2도

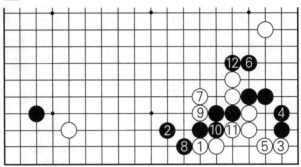

제2보

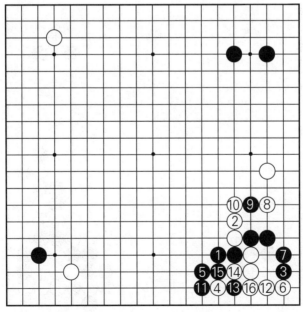

<제3보>(29-39)

우하귀의 싸움은 흑 9로 일
단락.

백 10의 「굳힘」에 흑 11로
벌려, ▲의 「 한 칸 굳힘」을
중심으로 대세력권의 윤곽이
그어지기 시작했다.

흑이 알기 쉬운 국면이다.
우하귀는,

3도 : 흑 1로 젖혀도 백 2
이하 6으로 「공배」를 메우면
흑이 한 수 모자라 죽는다.

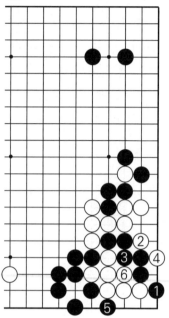

3도

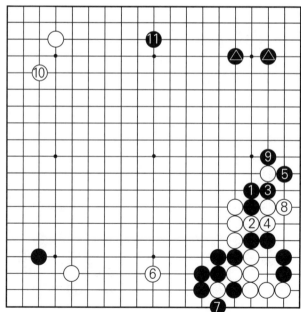

제3보

<제4보>(40-51)

백 1의 「어깨 짚음」은 세력권을 「삭감」하는 수단의 하나.

흑 2, 4라면 백 3, 5가 수습 수단. 이것 역시 상식적인 것.

4도 : 백 1로 다가서는 것은 흑 2의 한 칸 뛰기를 허용하여 흑의 세력권이 점점 확대된다.

4도

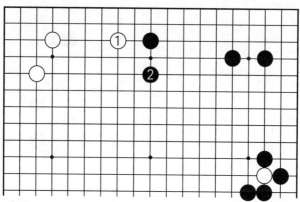

제4보

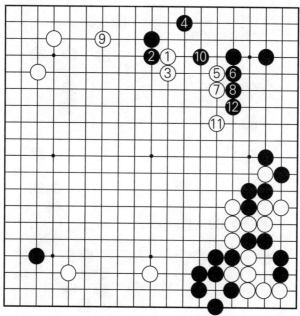

<제5보>(52-76)

드디어 중반전에 들어섰다. 백 1 이하 흑 12까지 어지러운 각축전이 계속된다. 흑 12의 「어깨짚는 수」는 적에게 「기대면서」 탈출하는 「맥」. 백 13하여 밑에서 응수하면 흑 12, 14라는 좋은 모양을 얻는다. 그렇다고 흑 12에 대해

5도 : 백 1로 밀면 흑 2, 4가 상식적인 모양이다.

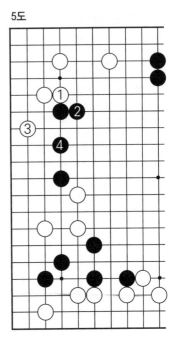

5도

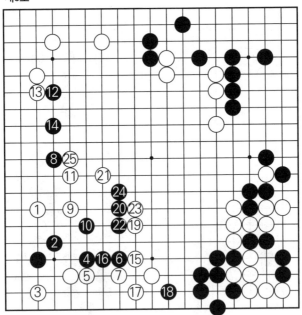

제5보

<제6보>(77-99)

흑은 우상귀에 커다란 집을 차지하여, 집으로는 상당히 리드하고 있다.

승패의 촛점은 아직 「두 눈」을 확보하지 못한 좌변 흑의 수습에 달렸다.

백의 입장에서는 좌변 위, 아래의 흑에 승부를 걸 수 밖에 없다. 그러나 흑은 우선 1로 꼬부려 한쪽 「말」을 탈출시켰다.

결국 백 2의 날일자로 흑의 「근거」를 위협하면서 공격했지만 흑 3하여 거의 탈출에 성공한 모양.

백 4의 차단에는 흑 5, 7로 수습, 흑 23까지 연결이 되고 보면 흑의 승리는 움직일 수 없는 것이다.

백은 전체적으로 얄팍하다.

제6보

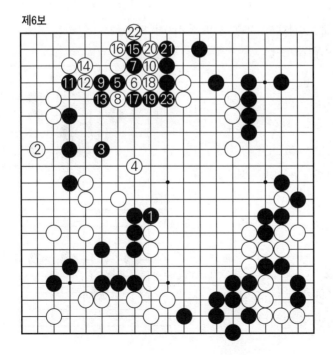

제 9 장 초보자를 위한 격언집

바둑에는 독특한 「격언(格言)」이 전해 내려오고 있다. 수단에 관한 격언, 승부에 관한 격언 등 여러가지가 있다. 여기서는 특히 상식적으로 알아두면 편리한 격언을 가려뽑아 보았다.

1. 「빈 삼각」은 두지 마라

바둑 격언의 대표적인 존재.
돌의 모양이라는 항목에서 설명했던 것처럼 「빈 삼각」은 비능률적인 모양이므로 자기의 돌은 결코 「빈 삼각」이 되지 않게 하고 상대의 돌을 「빈 삼각」이 되도록 유인하는 것이 유력한 수법이 된다.

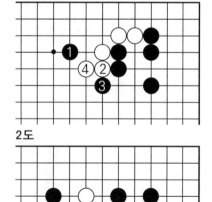

1도

2도

1도 : 「화점정석」에서 이루어지는 모양. 흑 1이 급소이고, 흑 3으로 『두 점 머리를 누르면』 백 4하여 「빈 삼각」이 되므로, 그것만으로도 흑은 만족.

2도 : 흑 1, 3도 백을 「빈 삼각」으로 유인하는 상투적인 수단이다.

2. 두터운 벽에 접근하지 마라

「두터움」이란 벽처럼 쌓아올린 세력을 말한다. 적의 두터운 세력에 접근하면 위험하므로, 이 격언은 너무나 당연한 가르침이지만, 의외에도 이 격언을 무시해버리는 사람이 많다.

적의 세력이 너무 방대해지니까 이를 저지해야겠다는 기분에서 부지중에 접근해버리는 것 같다. 오히려 나의 두터운 세력쪽으로 적을 유인해서 싸우는 것이 유력한 작전인 것이다.

「두터운 벽」은 싸움이 벌어졌을 때 위력을 발휘하는 것이므로 『두터움을 집으로 삼지 말라』는 격언도 잇다. 「두터운 벽」은 중앙을 향해 형성되는 것이므로, 귀에 비해 「집」으로 삼기는 불편하다. 이 「두터운 벽」을 이용해서 적을 공격하는 작전으로 나가면, 다른 곳에 저절로 집이 형성되는 것이다.

3. 한 칸 뛰기에 악수(惡水) 없다

이것도 모양에 관한 격언이다. 한 칸 뛰기는 능률적인 모습이며 잘못 될 확률이 극히 적다.

3도 : 접바둑에서 흔히 이루어지는 구도.

백의 도전에, 흑은 평범하게 한 칸 뛰는 수만을 두어서 우세한 형세를 지킬 수 있다.

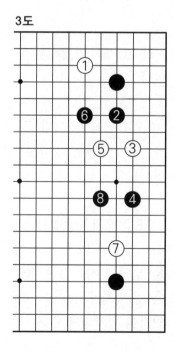

3도

4. 공격은 「날일자」, 도망칠 때는 한 칸

공격할 때는 날일자가 효과적이다.

4도 : 흑 1의 날일자로 압박하는 것 같은 모양. 날카로운 수단이다. 또 도망칠 때에는 한 칸으로 뛰는 것이 발이 빠르고, 그러면서 연락을 유지할 수 있는 모양이 된다. 이 그림에서 흑이 a로 뛴다면 백은 b로 한 칸 뛰어 중앙을 향해 진출하게 된다.

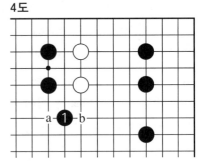

5. 끊어온 쪽을 잡아라

접촉전에서 응용범위가 넓은 격언이다.

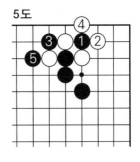

5도 : 고목정석이다. 흑 1로 안쪽을 끊으면 백은 2, 4로 끊어온 쪽의 한 점을 잡는 것이 좋다.

6도 : 흑 1쪽으로 끊어오면 백 2, 4로 역시 끊어온 쪽을 잡는다. 흑의 입장에서는 끊는 쪽이 잡힐 것을 전체로 해서 어느 쪽을 끊을 것인가를 선택하게 된다.

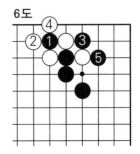

7도 : 어디까지나 외부로 진출하려고 백 2로 잇는 것은 불안정한 모양이다.

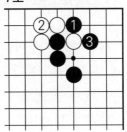

7도

8도 : 백 2로 잇는 것도 나쁘다.

5·6도처럼 한 점을 따내면 견고한 모양이 된다.

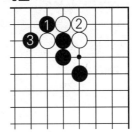

8도

6. 맞끊으면 한쪽을 늘어라
(뻗으라)

모양, 싸움의 기본이 되는 격언이다.

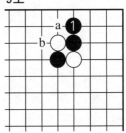

9도

9도 : 흑 1로 한쪽을 느는 형. 주위의 조건에 의해 어느 쪽을 뻗을 것인지를 정하게 되겠지만, 어지러운 싸움을 피해서 확실한 수이다.

만약 흑 1로 느는 대신 흑 a로 단수하여 백 b와 교환하면, 흑의 모양은 허점투성이가 된다.

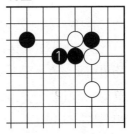

10도

10도 : 정석에 있는 모양이다.

7. 팻감은 작은 것부터 쓰라

패는 초급자들이 가장 싫어하는 것. 패의 수단, 패의 승패에 따른 「출입계산」, 「팻감」의 크기와 숫자, 바꿔치기에 따른 손익관계 등 복잡미묘하기 때문일 것이다.

팻감이 많을 때는 작은 것부터 사용하는 것이 기본적인 사고방식이다. 물론 패의 크기에 따르므로, 어떤 패쓰에도 상대가 응하지 않을 「만패불청」의 패라면 큰 팻감이라야 한다.

작은 팻감을 써서 패에 이길 수 있는 경우는 큰 팻감은 남겨두는 것이 좋다. 장차 더욱 큰 패가 생길지도 모르기 때문이다.

8. 「날일자」에는 뚫는(째는) 수를 두지 마라
※ 「날일자」에는 건너붙여라

적이 날일자로 구축한 곳을 뚫고 나가려는 수를 말하는데 이것도 「악수」의 대표적인 존재.

11도 : 흑 1로 뚫어도 백 2로 응수당할 뿐 전혀 이득이 없다. 오히려 「공배」만 메워져 나빠지는 일이 많다.

초급일 때는 선수라고 생각해서 바로 이런 교환을 치루어버리는 일이 많은 것 같다.

『날일자에는 건너붙이라』는 격언대로, 흑은 2의 곳에 건너붙일 노림수로써 보류해 두어야 한다.

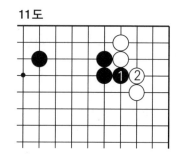

11도

9. 「5집 치중수」는 여덟수

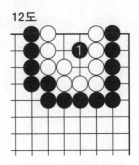

12도

12도 : 「외공배」가 전부 메워져 있으면 흑 1로 5집에 치중해서 이 백을 잡는데에 여덟 수가 걸린다는 말이다.

13도 : 흑은 1, 2, 3의 세 수를 소비했다. 다음에 비로소 흑 a로 단수하면 백 b하여 흑 넉 점을 따낸다. 그러나 백이 응수한 것이므로 「수수(手數)」에는 넣지 않는다. 이번에는 「4집 치중수」가 되었다.

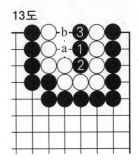

13도

14도 : 흑 4, 5 다음은 흑 a로 단수, 백 b로 따낸다.

15도 : 흑 6은 「3집 치중수」. 계속해서 흑 a의 단수에 백 b로 두 점을 따낸다.

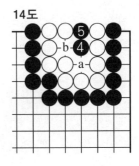

14도

16도 : 결국 흑은 7로 단수하고 8로 따내기까지, 여덟 수가 걸린다. 이처럼 「치중수」는 상당한 「수수(手數)」가 걸린다.

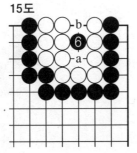

15도

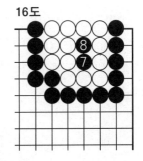

16도

17도 : 「수상전」이다. 흑 1로 치중해도 다음에 일곱 수나 걸리므로 백 2 이하로 「공배」를 메워가면 이 「수상전」은 백이 이긴다.

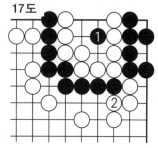

※「치중수」의 九九셈
치중수의 「수수(手數楷」를 九九셈처럼 외우는 방법이 있다. 「三-3」「四-5」「五-8」「六-12」라고 암기해 두면 편리하다.

「3집 치중수」는 세 수, 「4집 치중수」는 다섯 수라는 뜻이다. 만약 「외공배」가 비어있으면 그 숫자도 더해야 한다.

※「큰 치중」과 「작은 치중」
「큰 치중」과 「작은 치중」의 수상전은 「큰 치중」 쪽이 대체로 유리하다.

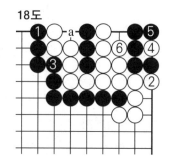

18도 : 흑 1부터 수상전. 백 6일 때 흑은 그 이상 응수가 없으므로 백이 이긴다. 백은 a로 따내고—

19도 :흑 1이라면 백 2로 언제라도 잡을 수 있다. 만약 「작은 치중」의 「외공배」가 많으면 이야기는 달라진다.

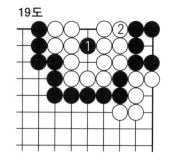

10. 좌우동형(左右同型)의 중앙에 수가 있다

주로 사활(死活) 문제를 풀 때의 힌트로 제시된다.

좌우의 모양이 같거나 비슷할 때는 그 중심이 눈을 확보하는 급소가 되어 다음 수를 맞보기로 삼을 경우가 많다.

예를 들면—

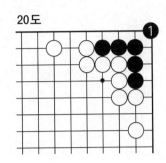

20도

20도 : 흑 1로 삶.

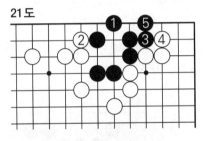

21도

21도 : 흑 1이 눈을 확보하는 급소. 백 2로 3의 곳을 두면 흑 2하여, 역시 두 눈으로 산다.

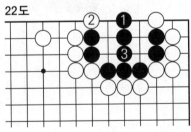

22도

22도 : 흑 1의 묘수. 백 2일 때 재차 흑 3으로 중앙에 두어서 산다.

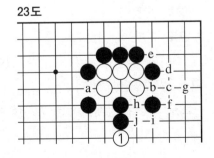

23도

23도 : 백 다섯 점이 탈출하려면 백 1이 기발한 묘수. 흑 a라면 백 b 이하 알파벳 순으로 백 j까지이다.

※ 석 점의 중앙

중반전, 사활문제 등 응용범위가
넓다.

24도 :양쪽을 젖힘당한 흑 석 점
에 대해, 백 1이『석 점의 중앙』이
라는 급소.

이 급소를 얻어맞으면 흑은 움직
이기가 난처해진다.

25도 : 흑 1로 젖히면 백 2로 끊
겨 흑은 숨통이 막힌다. 그렇다고
흑 2로 꼬부리는 것은 「빈 삼각」의
나쁜 형.

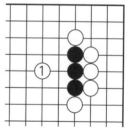

24도

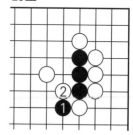

25도

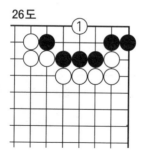

26도

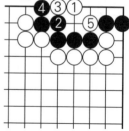

27도

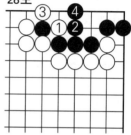

28도

26도 :백 1로『석 점의 중앙』에
치중하는 것이 급소.

27도 : 백 3, 5로 흑 죽음. 흑 2
로 3해도 백 5로 끊는 수가 있어
흑은 후속수단이 없다.

28도 :백의 실패. 흑은 2, 4하여
삶.

11. 잡는 수는 젖히는데 있다

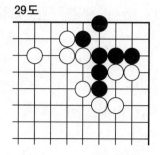

29도

「사는 수」는 『궁도를 넓히는 것』이 원칙의 하나이므로 「잡는 수」는 그 반대인 『궁도를 좁히는 수』, 즉 「젖힘수」부터 고려하는 것이 좋다.

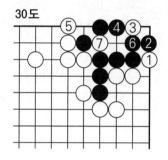

30도

29도 : 귀의 흑을 「잡는 수」는?

30도 : 백 1 젖히고 이하 백 7까지, 흑 죽음.

12. 고수자는 똑바로, 하수자는 「마늘모(입구자)」

쌍방의 돌이 부딪쳐 서로 밀고 나갈 때 하수자는 두려워서 똑바로 밀지 못하고 「마늘모(입구자)」로 움츠리는 것을 흔히 본다.

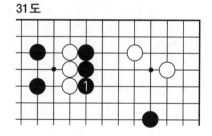

31도

31도 : 고수자는 이처럼 똑바로 민다.

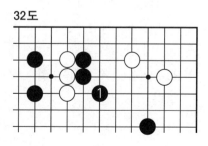

32도

32도 : 하수자는 이처럼 소극적으로 둔다.

13. 초반에는 「패」가 없다

초반에는 적당한 「팻감」이
없으므로 「패」가 생기면 무조
건 따내는 편이 좋다.

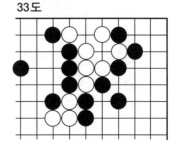

33도

33도 : 흑이 강력하게 버틴
모습이다.

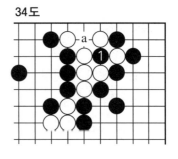

34도

34도 : 흑 1로 따내고, 다음
에 흑 a로 따내는 것은 절대적
이다.

14. 뒷문 열린 곳에 집짓지 마라

집차지할 때의 원칙이다.

한쪽이 비어 있는데도 다른 한쪽만 막아 보았자 적의 침입
을 받기 마련이므로 「뒷문 열린 꼴」은 집으로 굳어지기가 어
렵다.

35도 :흑 1하여 귀에 집차지하려고 해도 백 2를 당하면 이
렇다 할 만큼의 집은 이루어지지 않는다.

흑 a라면 백 b에서부터
삭감당한다. 이런 경우는
흑 c, 백 d, 흑 e··· 이런
식으로 싸움에 활용하는 것
이 좋다.

35도

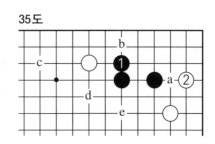

15. 건너붙인 곳, 끊지 마라

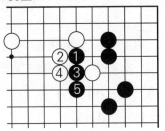

36도

날일자에 건너붙여왔을 때, 끊는 것은 상대의 주문에 빠질 위험이 있다.

36도 :흑 1로 날일자에 건너붙여오면 백 2, 4로 싸움을 피하는 것이 흔히 쓰는 「맥」.

37도 : 흑 1로 건너붙인 곳을 백 2로 끊으면 흑 3 맞끊어 싸움을 걸게 된다.

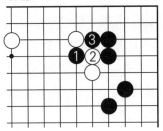

37도

16. 「두 점 머리」는 무조건 두들기라

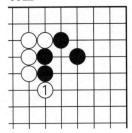

38도

적의 모양을 파괴하는 급소이다.

38도 :백 1의 젖힘이 날카롭다. 이 백 1을 얻어맞기 전에 흑은 1의 곳에 뻗어두었어야 하는 것이다.

39도 : 흑 1로 응수하면 백 2, 4로 압박해온다.

흑돌은 위축된 모양을 하고 있다.

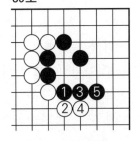

39도

17. 두 점으로 키워서 버리라

제3선의 돌은 버릴 때에 두 점으로 키우면 「사석(捨石)」의 효과를 올리는 일이 많다.

40도 :고목정석.

흑 1하여 두 점으로 키우면 3에는 백 4, 5에는 백 6, 7에는 백 8로 일일이 응수해야 하므로 흑은 원활하게 모양을 정비할 수 있다.

41도 : 흑 1 또는 a로 단수하거나 해서는 당장 백 2로 따내버리므로 안된다.

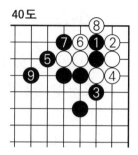

40도

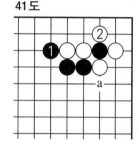

41도

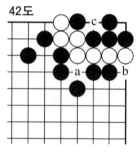

42도

18. 두 수 「늘어진 패」는 패가 안된다

「늘어진 패」란 「공배」를 메운 다음에라야 비로소 「본패」가 되는 모양을 말한다. 잡으러 가면 「수수(手數)」가 많이 걸리므로 「패」가 되지 않는다고 주의를 환기하고 있는 것이다.

42도 :흑은 a, b의 두 개의 「공배」를 메운 다음에 백 c로 때려서 「본 패」. 그 사이에 백은 다른 곳에 두 수나 둘 수 있는 것이다. 이렇게 되면 흑이 「패」에 이겨서 백 7점을 따내도 손해를 보는 경우가 있다.

세 수나 네 수 「늘어진 패」는 더욱 가치가 작아진다.

19. 「유가무가」의 「수상전」은 하지 마라
「유가무가」도 경우에 따른다.

한 쪽은 집이 있고 한 쪽은 집이 없는 말(돌)끼리의 「수상전(手相戰)」은 집이 있는 쪽이 대개의 경우 유리하다.

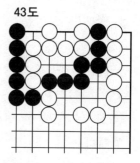

43도 : 흑은 공배가 5개이므로 다섯 수, 백은 네 수. 그러나 이 「수상전」은 수가 많은 흑이 패한다.

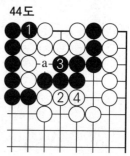

44도 : 흑 1이면 백 4까지.

흑 a하여 백을 단수할 수 없으므로 흑이 패한다.

「외공배」가 하나 더 비었다면 흑이 이기는데, 『유가무가도 경우에 따른다』는 격언대로이다.

20. 「모자」는 「날일자」로 벗어라

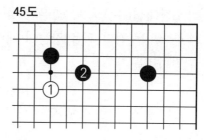

「모자」를 씌워오면 날일자로 응수하는 것이 상식이다.

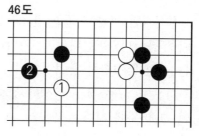

45·46도는 흔히 이루어지는 모양.

21. 「빵때림」 30집

네 수를 소비해서 상대의 돌 한 점을 빵때린 모양은 두터워서 숫자로 계산할 수 없을 만큼 큰 수가 된다. 중앙에 가까울수록 위력은 절대적이다.

47도 :이렇게 한 점을 따내는 것이 「빵때림」.

48도 : 한 점이 더해져 있으면 「빵때림」이라고는 하지 않는다. 다시 흑 a하여 두 점이 너해져 있으면 흑 1로 따내도 그 때문에 소비된 돌 수가 너무 많아 가치가 없는 것이다.

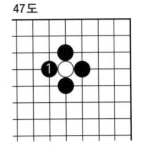

47도

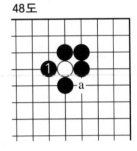

48도

22. 말(돌)은 잡고 바둑엔 진다

소탐대실(小貪大失::작은 것을 탐하다가 큰 것을 잃는다)

한 점 두 점의 적을 잡는데 재미를 붙이지 말고 전체적으로 판단하라는 말.

23. 돌이 튀면 그 바둑 이기지 못한다

정신적인 면을 강조한 말. 착수하려고 집은 돌이 손가락 사이로 흘러나와버린다든지, 따악하고 경쾌한 소리를 내며 두려는 지점에 정확히 놓여져야 할 돌이 엉뚱한 방향으로 튀어나간다든지 하는 것은 정신이 집중되지 않았기 때문이며, 그러면 그 바둑엔 진다는 뜻.

24. 네 귀 뺏기면 바둑을 두지 마라

※ 「어복(魚腹)」에 집지으려 하지 마라

귀는 집차지하기가 쉬운 곳이라는 점을 강조한 격언이다.

『4귀생(生) 통어복(通魚腹)하면 바둑에 이긴다』라는 격언도 있다. 4귀에서 살고 중앙까지 관통하면, 4귀에서 산 것으로 「실리」는 충분하고 중앙을 관통하여 적의 세력마저 파괴했으므로 결코 지지 않는다는 말이다.

49도 : 흑백이 같은 돌수를 소비했다. 흑은 네 귀를 차지했고 백은 변을 차지했다. 그림만 보아도 흑이 유리하다는 점을 알 수 있다. 또 집짓는 수단에 관한 격언에 『어복(魚腹)에 집지으려 하지 마라』하는 것이 있다.

「어복(魚腹)」이란 바둑판의 중앙 부분을 일컫는 말인데, 중앙에서는 집짓기가 무척 힘들다는 점을 강조한 격언이다.

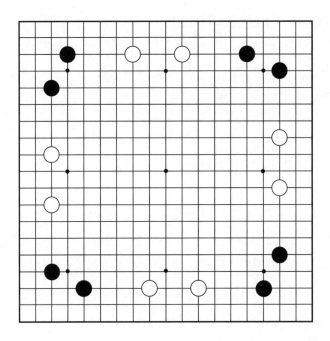

25. 대마(大馬) 불사(不死)

판 위에 착수된 돌을 「말」이라고도 부른다. 아마도 장기(將棋)의 쪽을 일반적으로 부를 때 「장기말」이라고 하는데 거기서 유래된 것이라 추측된다.

그리고 많은 돌이 연결 내지는 연락을 유지하여 하나의 큰 집단을 이룰 때 이를 「대마(大馬)」라 부른다.

이 대마는 넓은 면적에 걸쳐져 있으므로, 어떻게 해서든 수습이 되며 쉽사리 죽지 않는다는 말.

바꾸어 말하면 터무니없는 욕심을 내어 적의 대마를 잡으러 가는 일은 가급적 삼가라는 것. 그러나 대마도 죽는 경우가 있는 것이 바둑의 흥미있는 점이기도 하다.

26. 적의 급소는 나의 급소

적에게 얻어맞으면 난처하다고 생각되는 곳을 두어보면 이 격언은 실감이 날 것이다.

27. 공격하면서 집차지하라

『분단해서 공격하라』『기대어서 공격하라』『성동격서(聲東擊西:동쪽에서 소리지르고 서쪽을 공격하라)』등 공격에 관한 격언도 여러가지가 있는데, 요는 직선적으로만 공격해서는 성공을 거두기 어렵다는 뜻이다.

28. 들여다보는데 잇지 않는 바보는 없다

「들여다보는 수」는 다음에 끊겠다는 수이므로 우선 잇는 것이 상식적이다.

오히려 들여다보는 쪽에 문제가 있다고 하겠다. 무턱대고 들여다보아 상대가 이어주니까 선수라고 해서 좋아하는 초급자가 많은데, 이것이야말로 「뒷맛」을 스스로 없애는 것임을 알아야 한다.

무턱대고 들여다보는 것도 바보임을 알아야 한다.

29. 하수 바둑에 「공배」 없다

종국에 이르렀을 때 공배가 하나도 없는 바둑을 보게 되는 수가 있다.

이런 바둑은 아주 약한 사람끼리 가진 대국이다. 들여다보는 수나 단수를 「뒷맛」으로 보류해두지 않고 모두 두어버리기 때문이다.

상대가 당연히 응수하리라고 정해진 곳은 효과적일 때에 이용하는 것이다.

제 10 장 위기 10결(圍棋十訣)-바둑의 비결 10개항

『위기십결(圍棋十訣)』은 중국 당나라 시대의 명수인 왕적신(王積薪)이 만든 것이라고 한다.

대국에서의 마음가짐을 설명한 것으로, 앞에서 설명한 「격언」과 비슷한 것이다. 이를테면 바둑필승 10개항, 또는 바둑의 비결 10개항이라 할 수 있다.

1. 불득탐승(不得貪勝)

탐하면 이기지 못한다—너무 욕심만 내다가 바둑에 진다. 아마츄어의 바둑에서 흔히 보는데, 바둑은 한 수 씩 번걸아가면서 두는 것이고 혼자서 두는 것이 아니므로 자기만 좋은 곳을 독차지하려고 해서는 무리가 생긴다.

2. 입계의완(入界宜緩)

적진 속에 들어가면 마땅히 온건책을 취해야 한다—상대의 세력권 안에서는 격렬한 싸움을 피하고 온건하게 두는 화해책을 강구해야 한다.

3. 공피고아(攻彼顧我)

　적을 공격할 때 나를 돌아보라─공격할 때는 자기의 형세를 당연히 살펴보아야 한다.

4. 기자쟁선(棄子爭先)

　돌(子)을 버리고 선을 다투라─「사석」의 활용에 대한 교훈, 선수를 잡는다는 것은 중요하다.

5. 사소취대(捨小就大)

　작은 것을 버리고 큰 것을 취하라─『소탐대실(小貪大失): 작은 것을 탐하다가 큰 것을 잃는다』는 격언과 표리의 관계에 있다. 잘 알면서도 실전에서 이를 지키기가 어려운데, 요는 판단력에 관한 문제이다.

6. 봉위수기(逢危須棄)

　위기에 직면하면 침착하게 버려라─계속 도망칠 것인가, 「사석」으로 삼을 것인가의 전술적인 면도 있고, 크게는 전략적으로 생각해야 할 면도 있다.

7. 신물경속(愼勿輕速)

　신중을 기해 경솔하게 두지 마라―경솔하게 둔 수 때문에 역전되고 말았다는 예도 흔히 있다.

8. 동수상응(動須相應)

　움직이면 반드시 서로 호응하여야만 한다―국면은 항상 움직이고 있다. 처음의 구상에 너무 구애받지 말고 냉정하게 작전을 다시 세우는 일이 중요하다. 임기응변의 수단을 취하라는 것.

9. 피강자보(彼强自保)

　적이 강한 곳에서는 나의 몸을 스스로 보존하라―상대의 세력이 강한 곳에서는 견고하게 두라는 것. 『두터운 벽에 접근하지 마라』는 격언과 같은 뜻이다.

10. 세고취화(勢孤取和)

　세가 불리하면 화해를 취하라―세력이 불리한 곳에서는 싸움을 피하라. 9항의 가르침과 같은 뜻이다.

제 11 장 속임수의 기본상식

「속임수」는 또 「암수(暗手)」라고도 해서 어딘가 떳떳하지 못한 느낌을 준다. 그러나 이것 역시 바둑에서의 수단이며, 정석에 따르는 변화이기도 하므로 어느 정도 알아두어야 한다.

「속임수」의 연구는 정석의 이해에 도움이 되고, 「맥」과 「모양」에 대해서도 밝은 안목을 주는 것이다.

원래 속임수는 정확한 응수를 당하면 손해를 보기 때문에 이런 이름이 붙은 것이지만, 그중에는 상대가 올바르게 응수해도 피차 불만없는 「갈림」이 이루어진다는, 일방적으로 이익이 되는 「속임수」도 있다.

초급의 단계에서는 속임수에 빠져든 결과를 보고서도, 그것이 왜 나쁜지 알 수가 없다는 미묘한 것도 있다.

여기서는 흔히 쓰이는 속임수를 살펴보자.

1도 : 화점정석인데 「접바둑」에서 흔히 생기는 구도이다.

백 1로 들여다보아 흑 2로 이었을 때 백 3으로 씌우는 우격다짐의 수단이다. 이것만으로 흑을 봉쇄하려는 것은 무리이지만, 이런 무리를 무릅쓰는 것이 「속임수」이기도 하다.

흑 a 따위로 삶을 꾀하는 비겁한 수단은 논할 가치조차 없다. 그냥 「속임수」를 정당화시켜주기 때문이다.

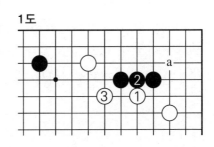

1도

2도 : 어쨌든 중앙으로 진출해야 한다. 그러나 흑 1, 3 다음 흑 5로 단수하는 것은 「속임수」에 빠진 것.

백은 힘 안들이고 봉쇄할 수가 있다.

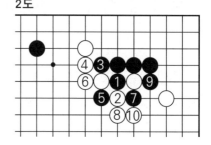

2도

3도 : 이 결과를 보면 흑은 덩어리로 뭉쳐진 무거운 모양이고 백은 외부를 봉쇄하여 대성공임을 알 수 있다.

「속임수」에는 결코 속아 넘어가지 않아야 한다.

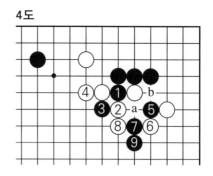

3도

4도 : 흑 1 다음 잠자코 흑 3으로 끊는 것이 「맥」이다.

4도

백 4로 끌면 흑 5로 붙이고 7로 젖혀서 오히려 백이 꼴사납게 된다. 흑 9 다음 백이 a로 이으면 흑이 끊기지만, 흑 b로 이으면 백이 약점투성이어서 도저히 싸울 수가 없다.

5도 : 이것도 「접바둑」의 속임수. 백 3에 흑 4로 응수하면 백 5로 붙인다.

하나의 「맥」이므로 흑이 저항하면 속임수에 빠져든다.

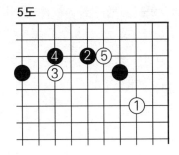

6도 : 흑 1로 위쪽에서 막고, 백 2에도 흑 3으로 강력하게 응수하지만 이것은 백의 주문대로가 된다.

백 4 단수하고 이하 10까지, 흑은 모양은 파괴되고 만다. 계속해서―

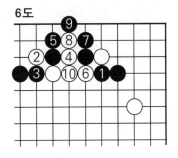

7도 : 흑 1로 단수해서 좌우는 연락이 되지만, 백 2 이하의 수단이 있다. 계속해서―

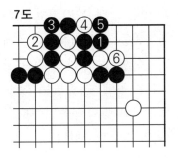

8도 : 흑 1로 단수해도 백 6까지, 흑이 「속임수」에 빠지고 만다. 흑 1로 2해도 백 a로 단수하면 흑은 잇는 수가 없다.

이처럼 강력하게 저항하면 오히려 꼴사납게 되는 「속임수」도 있다.

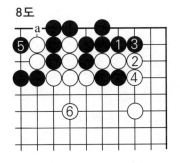

9도 : 백 2일 때 흑 3 이 으면 8도와 같은 피해는 없지만, 백 4로 잇는 수를 허용한다.

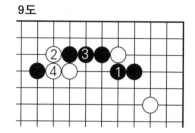

9도

10도 : 백 1에는 흑 2로 뛰는 것이 현명하다.

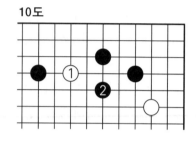

10도

11도 : 백 1 걸치고 이하 7까지는 고목정석이다. 백은 7을 두지 않고(손빼고) 다른 곳에 전환하는 것도 하나의 변화—속임수다운 속임수가 탄생한다.

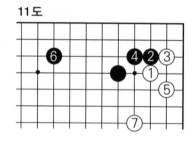

11도

12도 : 흑 1은 급소이며 정석 수순이기도 하다.
백 2일 때 흑 3으로 봉쇄하는 것이 속임수.

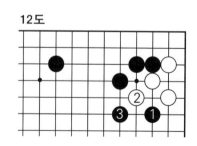

12도

13도 : 봉쇄를 피하기 위해 백 1, 3으로 나오면 흑 4로 강력하게 봉쇄. 이때 백 5로 단수하는 것은 그대로 함정에 빠지는 것.

흑 6으로 끼우면 백은 망한 꼴이다. 백 7로 따낼 수밖에 없지만…

14도 : 흑 1로 끊어 「양단수(兩單手)」이다. 이렇게 되면 백은 참을 수 없다.

15도 : 올바른 착수는 백 1로 뚫고 3으로 맞끊는 수.

흑 4 이으면 백 5 뻗는다. 흑은 a의 곳에 약점이 남아 백이 유리한 갈림.

이 다음 흑 a로 이어도 흑이 백보다 돌을 더 많이 소비한만치 비능률적이다.

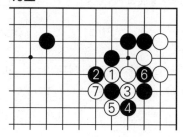

13도

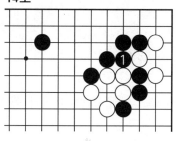

14도

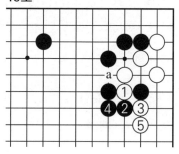

15도

이상에서 세 가지의 예만 들었지만, 이처럼 「속임수」를 사용하는 것은 상대의 미스만을 기대했다가, 만약 정확한 응수를 당하면 손해를 보는 것이다.

제 12 장 진형(珍形)의 기본상식

실전에서는 어쩌다가 한 번 나타날까 말까하는 진기한 형을 살펴보자.

1. 삼패

1도 : 백 △로 따내어 흑이 단수가 되었다.

2도 : 흑 1로 또하나의 「패」를 때리면, 백은 단수되므로 백도 2로 「패」를 때린다.

3도 : 단수이므로 흑 3, 백 4 서로 「패」를 때려―

4도에서 **1도**로 되돌아온다.

3개의 「패」를 싸워 끝이 없으므로 무승부가 된다..

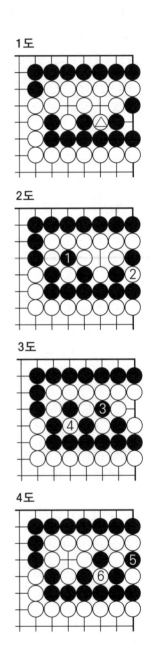

1도

2도

3도

4도

2. 만년패

1도 : 「만년 패」라는 이름이 붙은 형이다.

쌍방이 「패」를 쓸 수단이 있지만, 종국까지 「패」를 걸면 손해를 보는 경우도 있어 복잡한 형이다.

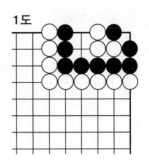

2도 : 흑 1하면 백 2로 따내서 비로소 「본 패」.

흑이 이기면 이익이지만, 생사를 건 패싸움이므로 위험하다.

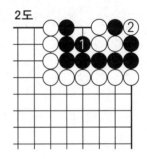

3도 : 백 1로 따낸다. 계속해서—

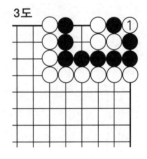

4도 : 백 a라면 흑 b로 따내서 「본 패」가 되지만, 이것도 백이 패하면 손해이므로 쉽게 「패」를 걸 수 없다.

결국 최후까지 쌍방이 패를 걸지 않으면 백 b로 이어서 「빅」이 된다고 규정짓고 있다.

「패」로 나갈 것이냐, 「빅」으로 만들 것이냐의 선택권은 백에게 있다.

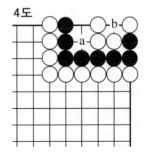

3. 순환패

1도 : 실전에서 만약 이런 모양이 생겼다면, 승패는 어찌 되었건 무척 기쁠 것이다.

2도 : 흑 1하면, 백 2는 불가피하다(흑 1로 a의 곳을 메우면 백 2로 흑은 단수이므로 패배).

흑 3으로 두 점을 따내면 백도 4로 두 점을 따낸다. 백 2로 3하여 한 점을 따내는 것도 흑 a로 단수가 되므로 백 3은 안된다.

3도 : 중앙의 흑백 두 점씩의 위치가 바뀌었다 뿐이지 1도와 같게 되었다.

4도 : 흑 1하여 다시 같은 수순을 되풀이하면 끝이 없다. 그래서 「순환 패」라는 것이다. 쌍방이 서로 양보하지 않으면 무승부.

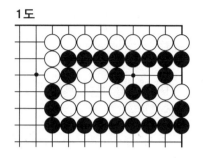

1도

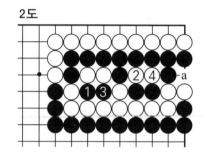

2도

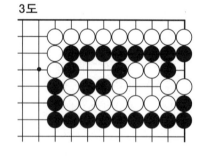

3도

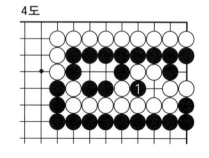

4도

4. 장생

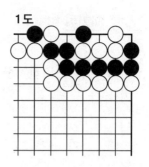

1도 : 이것도 어쩌다가 생기는 형이다. 「장생」이라 부르며 무승부로 한다.

2도 : 흑 1로 따내면, 백 2의 「5집 치중수」로 죽는다.(백의 차례라면 그냥 백2하여 흑이 죽는다.)

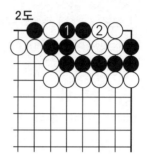

3도 : 흑 1로 「치받는 수」가 묘수. 백 2로 두 점을 따내면—

4도 : 흑 3하여 두 점을 되따낸다.

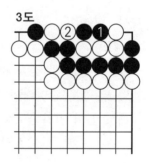

5도 : 백 4로 먹여치면 1도로 되돌아가 같은 형(동형)이 반복된다. 「순환패」처럼 패의 변종(變種)이라고 할 수 있다.

쌍방 서로 양보하지 않으면 무승부.

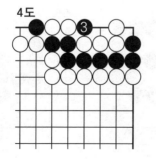

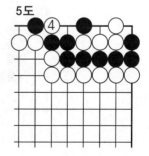

5. 진기한 빅

「빅」중에서 진기한 형을 살펴보자.

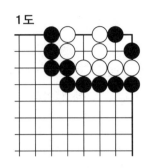

1도 : 이 형은 이 상태대로「빅」이다.

2도 : 백 1로 단수해도 흑 2, 4하여 쌍방이 4집(따낸 돌이 두 점 씩)이므로 손익은 없다.

흑 2로 먼저 두면 백 4로 따내는 수기 있이 흑이 1집 손해. 1도의 상태대로 좋다.

3도 : 백 두 점이 흑을 분단시켜서「빅」이다.

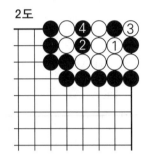

4도 : 젖혀서「빅」이 된 진기한 형. 백 a로 한 점을 따내면 흑⬢로 백 넉 점으로 따내서 흑이 이김. 그래서 흑이 먼저 a로 따내면—

5도 : 백 1로 치중, 「수상전」은 백이 이긴다.

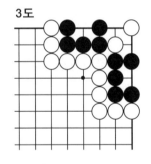

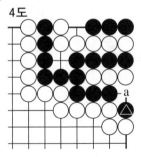

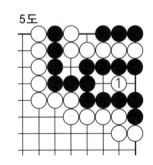

6. 「눈」이 없는 삶

「빅」이 아니라도 『눈이 없는 삶』이라는 모양이 있다.

1도 : 『옥집의 삶』이라는 진기한 형.

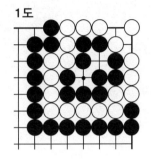

1도

쌍방이 빈틈없이 밀착되었다. 흑은 완전한 두 「눈」이 있고 백은 「옥집」밖에 없다. 그러나 백이 단수를 못하므로 흑은 산 것이다.

이것은 기본적인 것들만 골라본 것인데 더욱 복잡하게 구성되어 초급의 단계에서는 판단하기 어려운 형도 있다.

그러나 그런 형들은 심심풀이 삼아 일부러 만든 것들이 대부분이고 실전에는 결코 나타나지 않는다고 보아도 무방할 것이다.

초보자의 바둑백과사전

펴낸날 2016년 3월 20일
편저자 전성철
펴낸이 배태수 ___**펴낸곳** 신라출판사
등 록 1975년 5월 23일 제6-0216호
전 화 02)922-4735 ___**팩 스** 02)922-4736
주 소 서울 구로구 중앙로 3길12 (서봉빌딩)

ISBN 978-89-7244-133-5 03690
* 잘못된 책은 구입한 곳에서 바꾸어 드립니다.